中学受験

わが子を合格させる

父親道

ヤル気を引き出す「神オヤジ」と
子どもをツブす「ダメおやぢ」

鳥居りんこ

ダイヤモンド社

はじめに

元始、中学受験は「母と子の祭り」であった。

母と子が一心同体と化して、祭り本番までの日々を長い時間をかけて高揚していくものだった。その舞台上の主役はもちろんわが子なのであるが、舞台監督は母。

父親の役割といえば、役を与えられてもせいぜい脇役で、エキストラ（通りすがりの存在）というキャスティングも多かった。

更に、ひどいケースになると、父親には祭り当日に参加する観客というお役目のみということも普通にあり、父親の本格参戦は極めて教育熱心なご家庭だけのものだったのだ。

ところが、皆さんもうっすらとお気付きのように今は違う。

強制的に参加させられているのか、自発的に参加するのかの違いはあるが、近年、爆発的に「お父さんの参加」が増えている。

これは私の肌感覚であるが、２００８年くらいから日本に上陸した抱っこ紐によって「エルゴパパ」（お父さんが赤ちゃんを抱っこして外出する）が増えていったことと、２０１０年に厚生労働省主導の少子化打開の一助として「イクメンプロジェクト」が始まったことにより、「育児もちゃんとする父親」という機運が世の中に高まったことに遠因があると感じている。

「子育てにパパも参加しましょう」という空気がはびこっているのだ。

そこで、わが子に中学受験を体験させようとしているご家庭も「母と子の祭り、蚊帳の外、父」ではなく、「母と子の祭り、フィーチャリング、父」に意識を向け始めたせいではないかと勘ぐっている。

いずれにせよ、この10年余りの間に父親の中学受験本格参入率は年々、上がっている。これ自体は大変喜ばしいことで、大歓迎だ。

しかしである。ここに問題があるのだ。

ここ最近の話なので、父親自身の成育経験が圧倒的に不足しており、参考にすべきお手本がないのである（勢い、子どもをつぶすおやぢが急増中だ）。

にもかかわらず、時代は進み、受験についても「父親としての役割を期待する妻」と「具体的に何をすれば良いのかが分からず戸惑う夫」がいる。今、妻と夫は母と父になってすれ違う。

本書では、父親は中学受験を目指すわが子とどう対峙すると「ヤル気を引き出したり」逆に「つぶしたり」するのかということを「受験直前の小6の母」と「受験を終了した中1・中2の母」たち100名によるアンケート調査に基づき、実録方式でつづっている。

願わくば、あなたのお子さんが「中学受験は楽しかった！」と振り返ることのできる日々を構築すべく、本書をご夫婦で活用いただきたい。

そして中学受験がお父さんも含めた「わが家の祭り」となり、家族で一致団結した「充実の日々」になることを祈っている。

中学受験 わが子を合格させる父親道

ヤル気を引き出す「神オヤジ」と子どもをツブす「ダメおやぢ」

［目次］

父親道 4

100人のお母さんに聞いたお母さんが感謝する夫のGJ行動……97

〈妻が感謝する夫の行動〉

F1 妻たちが最も感謝した行動は、夫が塾のお迎えをしてくれたこと……98

F2 冷静で、しかもブレない このスタンスが妻の不安な気持ちをやわらげる……102

F3 母の身はひとつ あおりを食らった兄弟・姉妹の面倒をみる……106

F4 例え妻が我を忘れて教育費が巨額になっても 金だけ出して口は出さない！……110

コラム④ りんこの『鮭の産卵』……114

父親道 5

中学受験における「ダメおやぢ」と「神オヤジ」……115

〈Advice〉

F1 カリスマ室長に聞く！「父親の取るべきスタンス」……116

F2 東京タワー麓学園、名物看板教師に聞く「良い男の作り方」……129

コラム⑤ りんこから『子育ての終わりに』……142

父親道 6

りんこからお父さんにお願いしたい4つのこと……143

〈お父さんへのお願い〉

F1 無関心は返上して もう少し受験にかかわってください……144

F2 ご家庭の教育方針を ご夫婦でよく話し合ってください……152

F3 何のために学ばせるのか ご夫婦で確認し合ってください……160

F4 わが子とどう向き合っていくのか お父さん自身が考えてみてください……166

エピローグ

中学受験を終えたご家庭へのメッセージ……171

〈Message〉

F1 お母さんへのメッセージ……172

F2 お父さんへのメッセージ……180

F3 お母さんとお父さんへのメッセージ……186

おわりに……190

［アンケート調査概要］

調査時期：2016年1月10日～1月23日

調査方法：中学受験を経験したお子さん（中1・中2）を持つ母親、または中学受験入試直前のお子さん（小6）を持つ母親に対して、電子メールにてアンケートを送付。

有効回答数：100

アンケート回答者の希望により、個人が特定できないよう回答内容、回答者プロフィールの一部を変更して掲載しています。また、回答者プロフィールで紹介している学校偏差値は「日能研R４・2016結果偏差値」を参考にしていますが、回答者プロフィールの学校が同じ偏差値校であっても、回答者は同一人物とは限りません。

父親道 1

りんこが出会った
わが子をツブす
ダメおやぢたち

エクセルおやぢ

エクセルで模試結果を分析し、偏差値アップ対策にのめり込む

分かったよ、分かったよ、アンタがエクセルを使いこなすことができるのは！仕事もさぞや、おできになるのでせう！

表計算ソフトであるエクセルは、ビジネスにおいて多くの場合、売上高などの数値計算や数値管理に用いられる。

エクセルを駆使して、現在の売上高が過去と比べてどうだったのかを計算し比較するのだが、多くの仕事人はエクセルで作成したデータを用いてその原因を分析し、対策を立案し、更なる売上アップを狙っている。

ところが、このビジネス手法をわが子の成績管理に使う父親が結構目に付くのだ。

・今回の模試の偏差値
・前回の模試の偏差値
・前々回の模試の偏差値
・各模試における科目別・分野別の点数……。

エクセルおやぢはすべての模試結果を入力し、さまざまなデータを折れ線グラフにしてカラーで印刷する。

そして、それを眺めながら**「実にキレイで分かりやすい」とひとり悦に入り、**成績が伸びない原因をおやぢ自らが分析し、更なる偏差値アップのための対策を講じるのだ。

でも、これ、家でも必要？

このビジネス手法、わが子の中学受験に必要？

それ、はっきり言って、危険ですから。

「原因究明、そして対処こそが合格への王道なり！」とエクセル駆使して分析しまくって対策するの、本当に危険ですから。

例を挙げる。

あるおやぢは息子の中学受験時に、お得意中のお得意であるエクセルを使い、息子が入塾してからの全模試データを分析した。

息子の各科目別の点数や偏差値はもちろん、受験者平均点や最高点・最低点、そしてすべての設問に対する正答率と息子の解答の正誤まで入力し、分析したのである。

結果、次のような表ができあがった。

〈模試分析結果〉

・ケアレスミスによる失点：全体の33％

・**時間配分ミスによる失点：全体の31％**
・**問題の理解力不足による失点：全体の36％**

⬅

【結論：次回の模試対策】
次週末の試験までに、ケアレスミスを現在の33％から20％内に収めること

この表を私に見せながら、そのデータ主の妻がため息をつく。

「夫からこの表を見せられたんだけど、母親である私があと3日しかない週末の試験までに、あの子のケアレスミスと思われる行為を20％以下にしろっていうことらしいの」

「息子が自分の字があまりに汚いために、〝筆算から解答用紙に書き写すときに間違えました！〟っていうケアレスミスを改善する義務が私に生じているらしいわ」

「試験中にあの子の横に張り付いて、『ほら、字が汚いからまた書き間違えたじゃない！』とでも言えってこと？」

「本当に分析と指示は完璧だからね。ご立派な管理職さまだこと……」

残念ながら、この息子は父親が望んだ志望校には全く手が届かなかった。

数字での結果を求め過ぎると子育ては失敗する。子育てとビジネスは違うのだ。

子どもの成績がアップしない原因は既に塾が「分析」済みで、子どもに対して「教育的指導」を行っているはずである。

金をかけて専門機関が分析や指導をしてくださっているにも関わらず、それの更なる上行く作品を作って、何がしたいんだか……。

父親が子どもの成績を分析し、数字上だけの対応策を叫び続けても、子どもには反発心しか芽生えない。数値に基づいた分析や成績アップのための対策は専門家である塾に任せ、生身の「わが子」をこそしっかりとウォッチしていくべきではないだろうか。

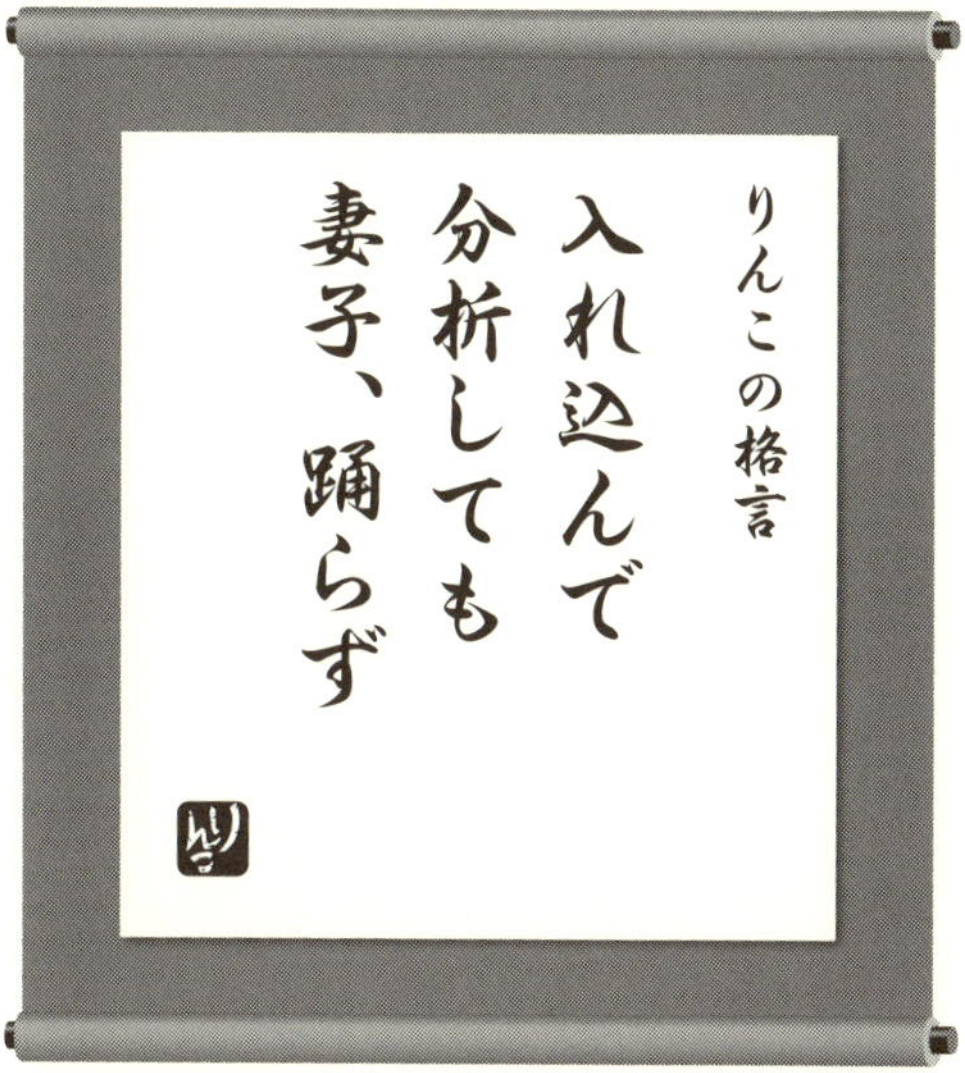

りんこの格言
入れ込んで
分析しても
妻子、踊らず

ダメおやぢ生態図鑑①

エクセルおやぢ

分類 〈ヒト科〉 分析属

特徴 理系大学卒、または SE に多く見られる。理論家肌。シミュレーションはお得意。

取説 策士策に溺れるタイプではあるが、もはやこれは趣味の領域なので妻には止められない。おやぢ作成のグラフだけありがたくいただき、右から左に受け流す作戦でGO！

必殺技 パワポ、エクセル、魅せるプレゼン完璧です。

子を　ツブす　わが親父

File 2

バイオレンス切れおやぢ

ログセは「受験なんかやめちまえ」だが、やめたらやめたでまた切れる

絶滅したかと思っていたが、ひそかに潜伏しているので警告したい。

星一徹（昭和40年代の漫画『巨人の星』に出てくる主人公の父親）の代名詞である「ちゃぶ台返し」が得意技という、誰もが認める「バイオレンス切れおやぢ」である。

このタイプが一番、やばい。なぜなら、頭が悪過ぎる。

「ちゃぶ台」をひっくり返しても、事態は好転するどころか悪化するだけだということが認識できていない。

そもそも「ちゃぶ台」がお茶の間から消滅したと同時に、飛び散った味噌汁やら、ごはん粒やらを掃除してくれるやさしい明子さん（一徹の娘、主人公の姉）も消えたのだ。

もし今、この技を駆使したとして、冷静になって気付くのは妻の冷ややかな目と一層ヤル気を失ったわが子の態度だろう。

おやぢ自身が後片付けを命じられて、床を這わねばなるまい。実にカッコ悪い。

中学受験は時間がないのだ。

ただでさえ時間が足りないのに、己のストレス発散のために、テーブルを叩くなどの技で威圧するなどもってのほかだ。時間の無駄、その一言だ。

わが子に鉄拳制裁を加えても良いことは何ひとつないのだ。

それを証拠にこの話をしてみたい。

昔、拙書『偏差値30からの中学受験　リレーアドバイス』（学研）という本の中に登場してくれた「バイオレンス切れおやぢ」がいた。このおやぢは成績のことでは怒らなかった。

怒らないんだが、どこでスイッチが入るかといえば「態度がなっとらん！」「ヤル気が見られない！」なのだ。

つまり、極めておやぢの主観でスイッチは「ON」になる。

妻から見ると「宝物であるわが身の分身」であるわが子。その愛しいわが子の頬っぺたが、このおやぢのどうでもいい機嫌によって紅く染まるのである。

悲しいのは、それが「悪いことをして怒られている」のではなく、「受験に対する姿勢がなってない」という訳の分からないことで殴られるということにある。

その母は「もう受験をやめてもいいんだよ」とその息子に言ったらしいが、彼から返ってきた言葉は**「今やめたら、おやぢに殴られ損だろ！」**だったという。

私は彼が志望校に受かり、再びおやぢと談笑しているという話を聞いて、その本の中では「似た者親子は、負のエネルギーをプラスに変える力があるんだろう」とつづったが、それから13

年の歳月が流れた。

彼は結果、超優秀大学を卒業した。切れおやぢは非常に満足していた。

しかし今、彼は就職活動もせずに、1通のエントリーシートを出すこともなく、そのまま家に引きこもっている。

息子の引きこもりをとがめる親に対し、彼は**「おやぢの（良い中高一貫校に入って良い大学に行くという）希望はかなえてやった。もう、十分だろう?」**と言ったという。

親が「切れた」結果は、大抵こういう悲惨な結末を迎えてしまう……。このことを私は、数々の事例を見て知ってしまったのだ。

まだ中学受験に参戦していない母で、「もしかしたら自分の夫が〝バイオレンス切れおやぢ〟に変身するのではないか?」と危惧しているならば、簡単なチェックシートがあるのでご披露しよう。それはあなたがあなたの夫と車に乗っているときに分かる。

もし、あなたの夫が50キロの速度規制の道路を40キロで走っている車に向かって、

「チッ、女だろ↗（語尾上がる）」とのたもうたら「疑い濃厚」。

「フッ、女だな→（語尾平ら）」とのたもうたら、「ほぼ確定」。

一旦停止をしなかったドライバーに向かって、

前の右折車がもう少し右で止まってくれたら直進できるのに……というときに、

「ケッ、女だよ↙（語尾下がる）」とのたもうたら「終了〜!」である。

「女だろ↗　女だな→　女だよ↙」

この女性を蔑視する〝女三段活用〟ができる男には、切れエキスが濃厚に詰まっている。

万が一、あなたの夫にこの傾向が見られたら、悪いことは言わない。子どもの受験は高校に回した方がいい。なぜなら、その頃には子どもはあなたの夫と互角に、あるいはそれ以上に戦える体格と体力を備えているだろうから。

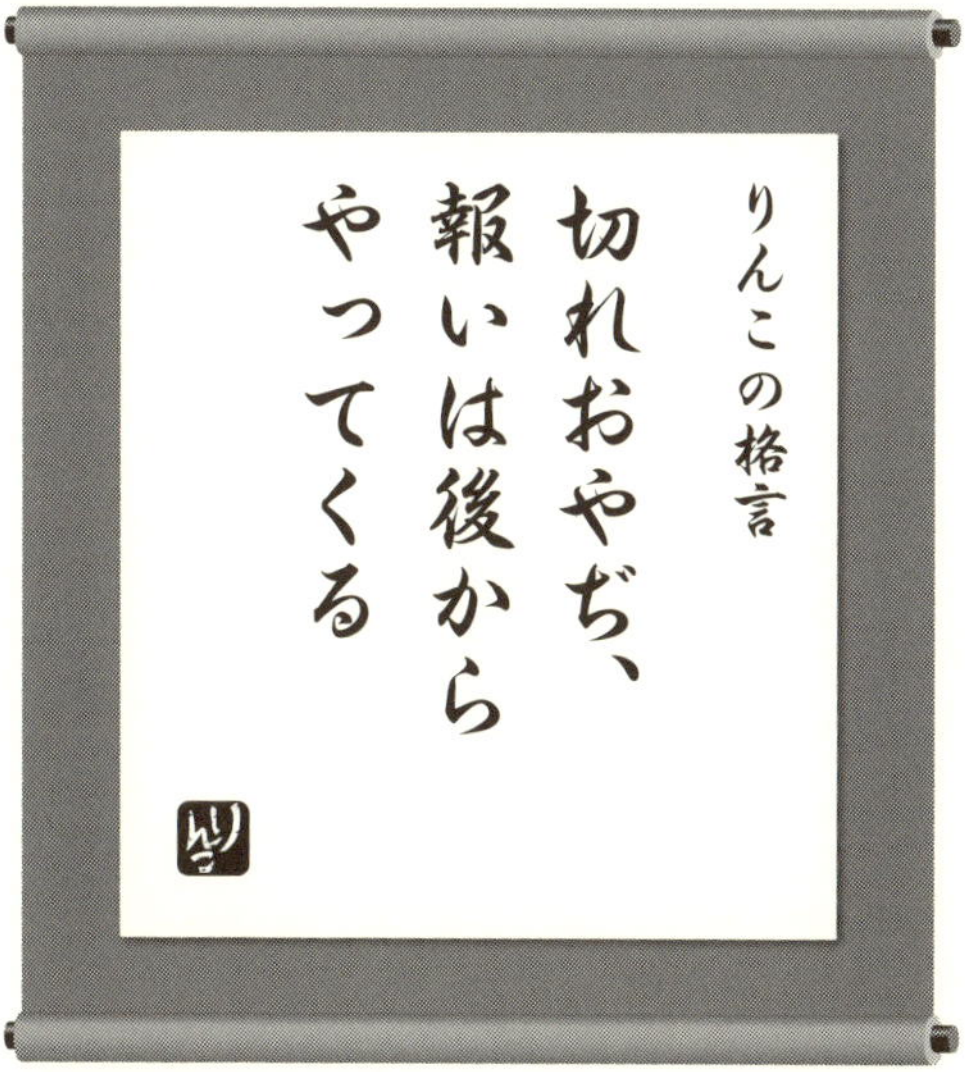
りんこの格言
切れおやぢ、
報いは後から
やってくる
りんこ

ダメおやぢ生態図鑑②

バイオレンス切れおやぢ

分類　〈ヒト科〉　俺さまオラオラ属

特徴　血圧高め、沸点低め。口下手。「女、子ども」思想の持ち主。

取説　この男、地雷原豊富につき取り扱い注意。基本は明治男なので良妻賢母を装いながら、おやぢと子どもの距離を適度に保つ作戦が有効。

必殺技　ちゃぶ台返し、別名「リセット攻撃」。

わが子をツブす父親 File 3

根性論追い込みおやぢ

「気合いと根性で勝つ！」が信条。頑張りだけですべてを解決しようとする

本当にあったウソみたいな話だ。

ある年の元旦。早朝のとある進学校が舞台になる。

そこで、父と子と見られるふたりが、その中高一貫校の校庭をぐるぐると走っている。

子どもと見られる方は真冬なのに上半身裸だ。

ふたりはこう言いながら走っていた。

「●●（その中高一貫校の校名）合格！　●●合格！」

父親はドヤ顔で、私に新年の挨拶と共にその様子を知らせてきた。

「気合を注入したんで、受験はこれで絶対に勝ちです！」

どんな確信がその父親に生まれたのかは知りたくもないが、私自身はこう確信した。

「あ～、やってもうた～‼」

そもそも不法侵入である。

万が一、警備の人やたまたま出勤してきた先生などに会っていたら、得意満面で言うのだろ

うか？

「第一志望の貴校に入るために全力で頑張っているんです。応援してください！」と。

私立中高一貫校が嫌がるタイプの父親候補に、間違いなくノミネートされてしまう。

体調を崩すとか、ルーティンワークが崩れるとかいう問題もあるが、たかが中学受験なのだ（母にとってはされど中学受験であるが……）。特に一家の主である父親たる者、年明けからは努めて冷静でいなければならないのだ。

その親子の第一志望校の結果であるが、残念ながら不合格であった。

不合格は構わないが、その父親は第二志望校に進学したわが子にそれからも延々と同じ干渉方法で接していたので、その子は早々に父親が望んだレールから降りてしまった。

つまり、中学の途中で学校に行かなくなってしまったのだ。

行かなくなったというよりも、行けなくなったと言うべきだろうが、ともかくその父親は中学入学当初、こんなことを私に言っていた。

「第一志望の●●中学（↑元旦に親子マラソン大会を実施した学校）には僅差で不合格でしたが、第二志望の▲▲中学に入った以上、●●中学の卒業生が行くクラスの大学に行かねば負けです。6年後のリベンジは絶対です。こうなったら気合を入れ直して、6年後にチャレンジしますから！」

●●中学の卒業生の進学先ラインはGMARCH以上であることが多いとは言える。しかし、

●●中学はそういう指導は全くしていない。

私が●●中学の教育方針をサルでも分かる現代語に翻訳するならば、

「男は一生、仕事をしなければならない生き物。ならば、『一生これでやってやるぞ！』と思える方向性を6年かけて見つけなさい。そのために、あらゆることにどん欲になりなさい」

というものなのである。

つまり、「大学はＧＭＡＲＣＨ以上に行きなさい！」などという教育は一切していない。結果として、進学実績がそうなっているに過ぎないのだ。

●●中学の「教育方針」に魅せられているのではなく、単純に進学実績で右往左往しているのかと、その父親のおつむが透けて見えて、哀れにすら感じたものだ。

案の定、その父親は定期考査のたびに目標順位を掲げ、それが達成できなければ**「根性が足りない」という理由でわが子を責め続けた。**

ほどなく、学校に行くことをやめた子どもはその中学を卒業はしたが、高校には上がれず、フリースクールの門を叩く。その際に父親は私にこう言った。

「このフリースクールから早慶に入った子もいるんですよ！」

早慶どころか、今、高校卒業資格が危ういのである。

学校教育の現場にＮＯを突き付けることは悪いことではない。しかし、親が子どもの意志を置き去りにして頑張らせると、子どもは自分の人生を「ひとごと」にして生きかねないのだ。

親は子どもの人生で「生き直し」をしてはいけない。
父親の存在理由は、子どもが人生の分かれ目に立ったときにこそ発揮される。悩み、惑い、迷うわが子を感じたときにこそ、父親は傍《かたわ》らにいるべきなのだ。
そのときに「明けない夜はない」とだけ淡々と背中で語ってくれたならば、子どもは安心して己の道を歩んでいく。父親はそれで十分なのだ。

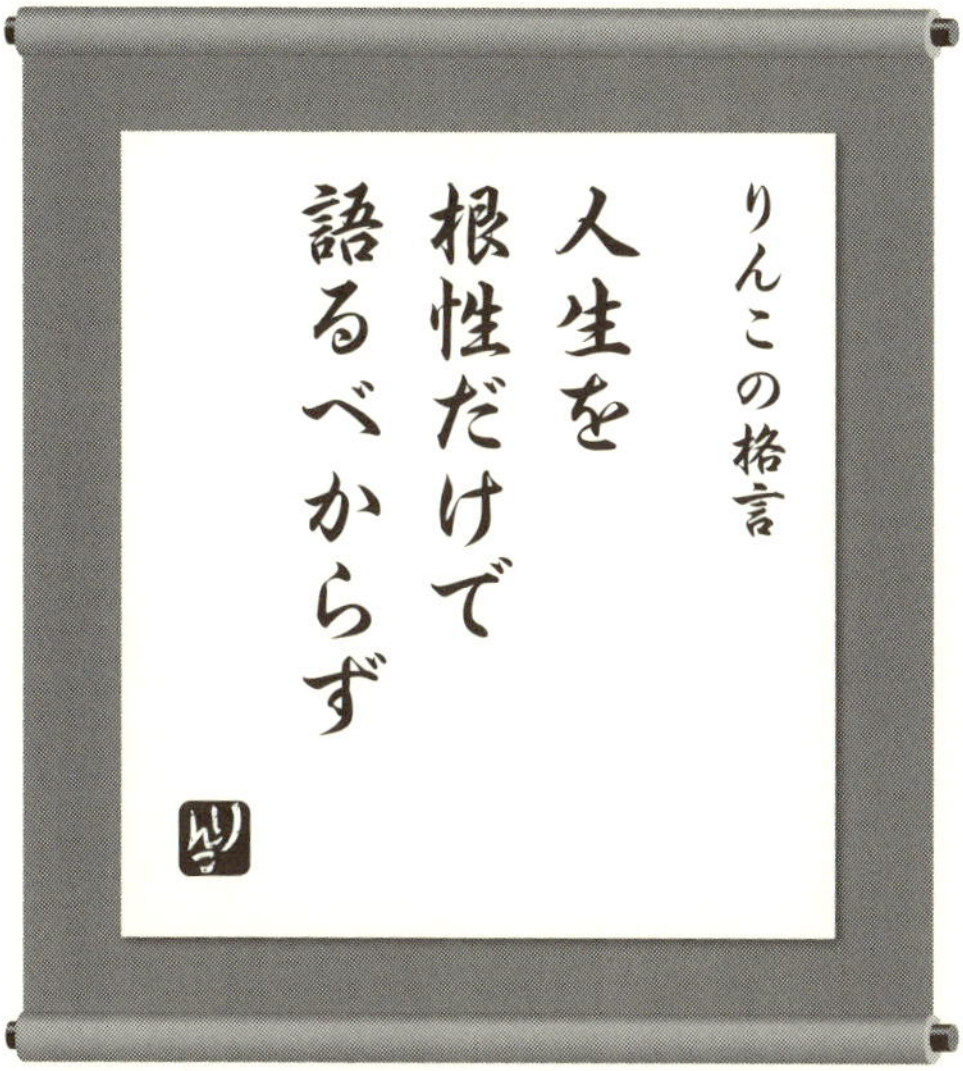
りんこの格言
人生を根性だけで語るべからず
りんこ

ダメおやぢ生態図鑑 ③

根性論追い込みおやぢ

分類 〈ヒト科〉 人生勝ち負け属

特徴 基本、子育てに熱心。体育会出身者に多し。「自称できる俺さま」であるが公の評価がそれに伴わないことに疑問を持つ。

取説 人間は「根性」だけである程度のステージに行けると信じて疑わないので、「根性」は「常時」発動するものではないという理由で自制を促し、ここぞというときに「あなた、出番よ！」とそのケツを蹴飛ばす「技術」が妻に必要となる。

必殺技 刻苦勉励

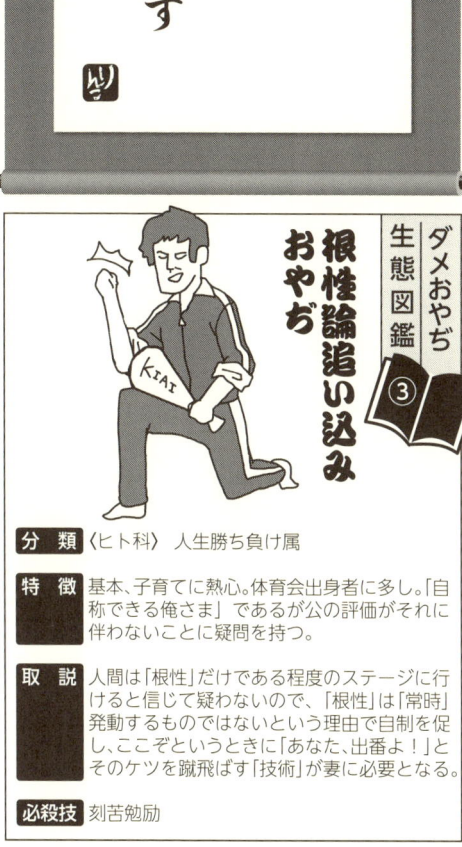

器極小《うつわごくしょう》すり足おやぢ

父親たるもの、どっしりと構えて、わが子を全面的に信用すべし

初めてこの話を聞いたときは笑ってしまったのであるが、いろいろと母親たちの話を聞き回っていたら意外といたので、もっと笑った。

階段をすり足で上り切るという努力を払ってまで、わが子がちゃんと勉強しているのかどうかを確認している父親が、この世にはいるのだ。

大体である。

その父親自身もわが子が絶対に勉強なんかしていない確信があるのに、なぜそれをわざわざ確認しに行こうと、しかも何度もしようとするのか理解に苦しむ。

ただ、**こういう父親を持った子で〝勉強ができる〟という話を聞いたためしがない**のにはもっと笑えるのであるが……。

ある母親はこう言った。

「大の男が階段をすり足で上っていくのよ！　結果、ご期待どおりに勉強してない息子（中学受験生）の目撃者になるわけよ。それからお決まりのバトルね。全くの不毛地帯の修羅場よ。

こういうことをやられちゃうと、もう、息子が勉強しないってことより、夫の小ささに嫌気がさすだけ！　百年の愛が覚める？　愛なんて、元からないけどね、ふん！」

女は勝手な種族なので、自分がさまざまな手段を使って、子どもをコントロールすることは許せても、**男である夫が同じことをするのは耐えられない生き物なのだ**。

ちなみにくだんの彼女は、ただ今「家庭内絶賛別居中」である。

父親が、全くわが子を信用できなかったために起こった悲劇と言える。

わが子を信じ切れない母親は、「ちゃんと勉強しているかどうか、こっそりと覗き見する」という過ちを繰り返しがちなのだが、時代の進化かもしれない。今では、こういうことを父親がやっているのだ。

子が親に求めるものに「信頼と尊敬」があると思うが、この行為はそのどちらをも一瞬にして破壊する。あまりの卑怯なやり口に、子どもは「ヤル気を見せない」ということで対抗するだろう。

しかも、これは理不尽ではあるが、母親の行いはスルーされても、父親のそれは取り返しのつかないダメージを子どもに与える。

彼女の夫がどういう心理で階段をすり足していたのかは分からないが、良かれと思ってやっていた行動が子どもに嫌われ、妻に見放されでは立つ瀬はなかろう。

やはり、父親たるもの、どっしりと構えて、**わが子を全面的に信用するという体を崩しては**

いけない。

どのみち、いつかの時点で裏切りに遭うのが子育てでもあるので、「裏切り行為」をわざわざ父親から探しに行くことはないのだ。

ちなみに「中学受験」では親に対するわが子の「裏切り行為」には頻繁に出会える。

・「明日は絶対に8時ちょうどから計算問題をやります」と宣言するわが子。

⬅

・当然、やるわけがない。

⬅

・裏切られた親の説教タイムスタート！

なんてことはデジャブ化する。

裏切り行為といえば**「過去問の答え丸写し」なんかも普通によくあること**だ。

ある中学受験塾の先生の下で、慶應の過去問での「解答の丸写し」が発覚したそうだ。「写してない！」と言い張る児童（♂）であったが、そこは子どもの浅知恵。慶應には普通部と中等部とSFCがあるが、普通部の過去問に中等部の答えを書いたらしい。

先生は笑いながら**「やるならやるで、もっと緻密にな！」**と励ましたそうだ。

でき得るならば、父親もこの先生のように「次につながる」指導をする方が、子どもが早くに〝大人が正しいと思われる道〟に帰ってくる。

「疑えばすなわち任ずるなかれ、任ずればすなわち疑うなかれ」
司馬光『資治通鑑《しじつがん》』

これは、「人を仕事に任ずるときは、その人の能力を疑ってはいけない。疑いがあるのならば、仕事を任せてはいけない」という意味である。

まずは**「俺の子だから、信用できない」ではなく「俺の子だから、何とかなる」に意識を変える方が、器のデカい子が育つ可能性が増える**ことは言うまでもないだろう。

りんこの格言

最後には信ずるものが救われる

ダメおやぢ生態図鑑④

器極小すり足おやぢ

分類〈ヒト科〉忍者属

特徴 痩せ形で運動神経に自信あり、学生時代は皆勤賞、法令・規則順守は当たり前。

取説「器、小っさ！」ってことは本人も薄々自覚しているので、それを指摘せず、「○○するな」ではなく「こうしてくれると助かるわ〜♡」で誘導すべし。

必殺技 階段すり足上り、端末履歴チェック、妻の家計簿チェック。

わが子をツブす父親 File 5

ビジネス用語炸裂《さくれつ》おやぢ

ドヤ顔で繰り出されるビジネス用語は、妻や子どもには届かない

仕事用語を子ども相手に使ってしまう。あるいは、「部下にかましてしまうと、一発でパワハラレッドカード！　という言葉」をわが子に対して使ってしまうような父親は、やはり問題である。

しかも、こういうタイプは「学歴をつけると人生は豊かになる」という価値観の中で生きているため、余計に厳しく子どもを追い込んでしまう。

例を挙げるとすれば、わが子にこんな言葉かけをしているのだ。

「アジェンダ(*1)どおりに進んでいるんだろうな」

「来週の予定、まだフィックス(*2)してないの？」

「それはおまえのタスク(*3)だって前から言ってるだろ！（怒）」

子どもには訳が分からないだろう。

部下を教育するがごとくにビジネススタイルを真似る形で子どもに接しても、期待するほどには子どもは伸びてはいかない。

(*1)アジェンダ＝計画・予定表　(*2)フィックス＝決定　(*3)タスク＝仕事・課題

せいぜい得られる効果としては、「権力や脅威というものの前では決して逆らわず、反抗心があるなどをおくびにも出さずにやり過ごすことができる」という特技が磨かれることくらいだろうか。

将来、わが子を〝従順な社畜〟とさせたいのであれば有効な技かもしれないが、「10年後の未来には今ある職の半分はなくなっている」という未来予想図が出ている現実には、決して適しているとは言えないだろう。

私の取材に対してある母親はこう言った。

「夫の言動で最も腹立ったことですか？『先進国に行って欲しかったけど、エマージングで頑張るしかないだろう。エマージングでも先進国に近付けるようなエマージング国を選ぼう』ですね。子どもが意中の学校に受かるのは、かなり厳しいかなぁっていう中での夫の発言でしたから」

私はこれを聞いて大笑いした。

「そっか、中堅校はエマージング国（〝発展段階の〟とか〝新興の〟という意味）って呼ぶのか‼」という発見に喜んだからだ。

もし、親がビジネスで培ってきた技を家庭でご披露したいのであれば、子どもに対してかなりの「説明責任」が生じる。

しかし、それは恐ろしく手間がかかり時間がかかるものなのだ。

なぜ、勉強しなければならないのか？

勉強は人生にどのような効果をもたらすものなのか？

勉強しないという選択肢もあるのか？

……など、それは、親が今まで生きてきた中で得た人生観を賭けて、わが子と対峙するほどのことだと思う。

その大本を粘り強く伝える努力もせずに、いきなり「仕事（勉強）しろ！」では「目的」なくして「仕事」をするのと同じことなので、非効率であることは明白だ。

子どもは、何もしなくても正しい勉強方法を身に付けられる存在ではないし、教えたとしても、初めのうちはそのとおりに実行できるものでもない。

「なぜ、言われたとおりにやらない？」

「なぜ、こんなことも理解できない？」

とつい怒ってしまい、逆効果になってしまう失敗を私たち親は重ねていきがちであるが、ビジネスパーソンとして世の中を渡ってきている父親こそが、わが子のために山本五十六にならねばならないのだ。

すなわち、わが子にも**「やってみせ、言って聞かせて、させてみせ、ほめてやらねば、人は動かじ」**の精神である。

これを遂行する自信と時間がないのであれば、黙っている方がまだマシである。

親が自分本位にまくし立てたとしても、子どものこころには刺さらないだろう。子どもには年齢に応じた適切な表現を用い、わが子とはいえ「別人格」という意識でいなければ、わが子は親の前からマッハの速さで姿を消す。消えた後ではいくら追いかけても、子どものこころは（ついでに妻のこころも）戻ってはこない。

父親の切ないひとり酒が増える日も近かろう。

りんこの格言

ビジネス用語、妻も子どももマジ引くわ〜

ダメおやぢ生態図鑑⑤

ビジネス用語炸裂おやぢ

分類〈ヒト科〉　効率重視属

特徴 冷静で理論家、仕事ご多忙。

取説 仕事が忙しい俺さまに酔えるので、受験のことも妻に一任するケースは多い。妻が要点をまとめた話を振ると「結論」だけが返ってくるので、グチャグチャ言われない分、扱いは楽。

必殺技 「理社は(＊1)パラレルで」「いよいよ俺の(＊2)コンチプラン出動か？」などのビジネス用語を駆使して、妻子をポカンとさせる。

(＊1)パラレル＝同時進行　(＊2)コンチプラン＝コンティンジェンシープラン＝緊急時対応計画

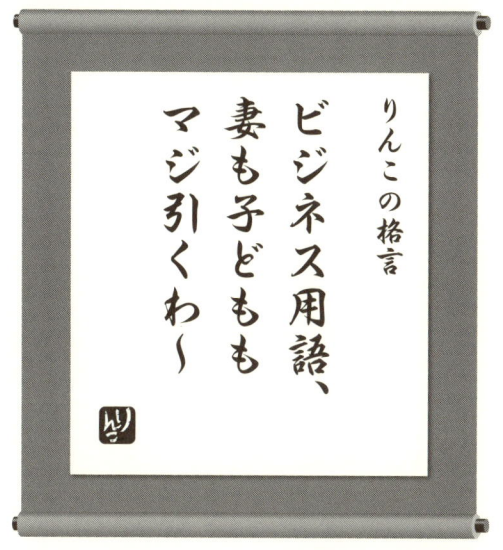

わが子をツブす父親 File 6

ホウレンソウおやぢ

妻を部下のように扱い、「ホウレンソウ（報告・連絡・相談）」を義務付ける

中学受験には「志望校合格」という最終目標がある。

だから、人によってはRPG（ロールプレイングゲーム）のように、〝経験値を稼ぎ、レベルを上げていく〟ことに、ひたすら快感を覚えるようになるかもしれない。

特に、**わが子の偏差値がうなぎ上りになった日にゃ、脳内快楽物質ドーパミンがドボドボと親の体内を駆け巡る**ので、気分は「やめられない、とまらない」かっぱえび戦《せん》なのだ。

しかし、ほぼ9割の人間（1割がいわゆる雲上人）にとっては、最大瞬間風速で獲得した偏差値であるので、その先の「うなぎ下がり」に悶絶することになる。

これが中学受験の怖いところで、この快楽経験が仇《あだ》となり「やめどき」を完全に見失う。

これを業界用語で**「負けが込んだ博打」**と呼ぶのである。

「今度こそ！」

「えーい、次こそは！」

週末の試験結果をネットで確かめるべく、ＰＣを必死になってスクロールするのだ。

私が**「中学受験は親のポケモン代理戦争である」**と主張して久しいが、昔はトレーナーが母親というケースが圧倒的だった。

そう、昔はおやぢが主戦場に参戦してくるケースは極めてまれで、**おやぢには「パニクる母親を楽屋でなだめる」という役割が与えられていた**のだ。

それが今、一部のマニアおやぢにとっては、「中学受験はRPG」という攻略ゲームになっている。

母親は何やかや言っても、己よりもわが子可愛さが勝る傾向にあるので、パニクってもたかが知れているのであるが、**おやぢ、それも特にマニアは加減を知らないから困る**のだ。

中学受験にはスケジューリング（予定や日程を組むこと）は絶対で、最終学年になると、それこそ分刻みのスケジュールが待っている。

そうなると、タイムマネジメントが親の最も重要な仕事になっていく。

決めた目標を達成すべく、期日までに決められた作業や活動を終えるように管理コントロールするのがタイムマネジメントであり、スケジューリングの役割なのであるが、これを遠隔操作しようとする御仁が出てくるのは大問題だ。

多くのおやぢは外に仕事を持っているので、わが子のそばにばかりは居られない。しかし、ポケモンに〝指令〟は出したい。自分の不在中でも、きちんとトレーニング（＝自分の与えた課題）をこなして、1日も早く正しい進化を遂げて欲しいという欲望が渦巻く。

勢い、妻を会社の部下のように扱い「ホウレンソウ（報告・連絡・相談）」を強いるのだ。

だから、**妻に対して「言い渡した大問1から3は終わっているか？」などという電話を仕事先からかけてくる**ようになる。

「やってるわけがない」と正直に返答してもご機嫌を損ねるので面倒だし、「終わったよ」とねつ造しても、嘘はすぐにバレて余計に面倒になる。

どっちにしろ、面倒なこと、この上ない。

おやぢ、アンタはもっと他にやることはないのか？

思わず突っ込みも激しくなるというものだ。

敏腕家としてビジネスでご活躍なのは分かるが、その管理職能力を家庭に持ち込む必要があるのだろうか。もっと言えば、**このタイプで大出世をしている人を私は知らない。**

あるフルタイムワーキングマザーはこう言った。

「小学校で縄跳び大会っていうのがあってさ、こういうのも体力使うから、（真冬のこの時期に）ホント邪魔なんだけど、それから大忙しで塾での過去問大会よ。もうそれだけでも子どもはグロッキーなのに、夫が電話をかけてきて『言い渡してあった算数の比の問題はちゃんとやらせたか？』って言うの」

「『疲れ果てて、もう寝ましたけど？』って返したら『どんな状況だろうと、決めたスケジュールを親が守らせなくてどうする！』って、このアタシにお怒りなわけ」

「あのね、ロボットじゃないんだから、いつもいつも、おめ～の言うとおりにはできねっつーの！　そんなにやらせたきゃ、自分が早く帰ってきて、見張りやがれ！　アタシは遠隔操作装置じゃねーっ‼」

ポケモントレーナーになりたいのであれば、ポケモンと離れていてはいけない。

生身の人間、指示と命令だけではどうにもならないのだ。

りんこの格言

なあ、おやぢ、そんなに言うなら自分でな

ダメおやぢ生態図鑑⑥

ホウレンソウおやぢ

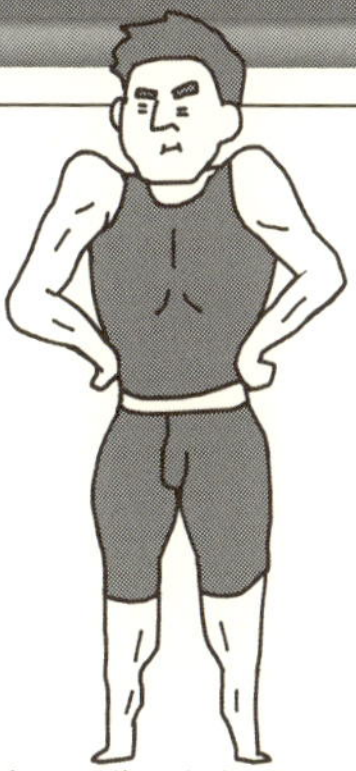

分類	〈ヒト科〉　命令系統一元化属
特徴	家庭では独裁型、プロテインラブのマッスル系多し。計画実行実践が好き。
取説	「報告・連絡・相談」という段階を踏むことを好むので、この習性を利用して何でも先に進捗状況を説明しつつの「ご相談」をし、スケジュールの「柔軟な変更」（＝しかし相談するまでもなく決まっている決定事項）をお願いするシモベ的態度が○。
必殺技	「し・し・する・する・すれ・しろ（せよ）」サ行変格活用。

進学実績至上主義おやぢ

各校の大学合格実績を比較し、「お得な学校」選びに固執する

各メディア、あるいは各高校が出してくる「大学合格実績」を比較検討して、どの学校が進化しているのかを研究する父親は多い。

これ自体は悪いことではないが、問題なのは「実績」のみに集中してしまうおやぢの意識である。この状態を問題視する塾の先生は多い。先生方の声をまとめるとこうなる。

「一世代前の父親は『どのような経過をたどる子が良い大学に行けるのか』という視点で質問してきたものだが、今は『最も高い確率で偏差値の高い大学に入るには、どの中学に行くのが得策か?』とはっきりと聞いてくる」

学校は一流大学に入るための予備校ではない。

ところが、このタイプの父親は中学から「私立」という贅沢品に金をかけるならば、それなりの「結果」が「保証」されなければ「行く必要なし!」と断言してしまうのだ。

しかも、その「結果」である大学の校名が、おやぢの独断と偏見で決まってしまっていることが多い。

そこに**わが子の「地頭」やら「向き不向き」やら、更には最も重要な「わが子自身の意志」が入り込む余地がない**のである。

昨年初夏のとある私立中学合同学校説明会での話だ。

父親と思しきサラリーマン風の男性が中堅どころの学校のブースに現れ、こう言ったという。

「進学実績がこんな状態じゃ、ろくでもない大学にしか行けない教育をわざわざ6年かけてしてるってことですね（嘲笑）」

その話をしてくださった先生は憤慨しながらも、その男性にこう聞き返したらしい。

「それでは、お父さんがおっしゃるろくでもない大学とは、どちらなんでしょうか？」

その父親風の人はこう言ったそうだ。

「東大、一橋、東工大、早慶。これ以外は行くに値しませんね」

私はこの男性の価値観を否定するつもりはないが、とても狭い考え方のような気がして逆に気の毒になる。

なぜならば、この男性がその会場で私に直接「6年生のわが子の今現在の持ち偏差値は日能研模試で45なのだが、この成績が受験までに変わらないとして、どの学校が入って『お得感』が出る学校なのか、プロならば校名を挙げてみろ」と言ってきたからだ。

要は入り口である中学偏差値がトップクラスでないながらも、出口といえる大学進学実績が良い「美味しい中学」を教えろと言っているのだ。

私立中学は「お得感」で入るものではない。

コストパフォーマンスを子育ての最優先課題と考えるならば、延々と金がかかることが明白である「中学受験」は、一番先に淘汰されるべきである。

私立にはそれぞれの学校に歴然とした教育理念があって、それに基づいた教育をしている。「その精神に賛同する者だけに来て欲しい」という、私に言わせれば一種の新興宗教のようなものなのである。

その理念への熱狂的ファンが根付いての「私立教育」なのだ。

各私立学校はそれぞれに「教育理念」を掲げているが、ここには共通点がある。

教育には使命があるというものだ。

その使命とは**「預かった子たちが長じたときに何らかの形で『社会貢献』ができる大人にする」**ということに他ならない。

「社会貢献」、言葉を換えるならば「誰かのために何かをする」ということである。

私立学校はさまざまな言葉でその理念を謳っているが、その源泉は同じだ。

「誰かのために役立つ人間になれ」

そのために「勉強せよ」「知識をつけよ」「己の頭で考えよ」「そして動け」と指導しているのだ。

この理念は、各学校の大学合格実績や進学実績を追うだけでは決して分からないものである。

大学の合格実績最優先で学校を決めてしまったがために、子どもの性格と校風が合わず、入学後にドロップアウトしてしまうケースを私は数多く見てきた。

わが子が充実した6年間を送ることができるか見極めるためにも、学校説明会にはぜひ行って欲しい。実際に目で見て、匂いを嗅いで、触れてみて、初めてその学校が織り成してきた文化を感じることができるからだ。文化は大学合格実績という「数値」だけでは計れない。

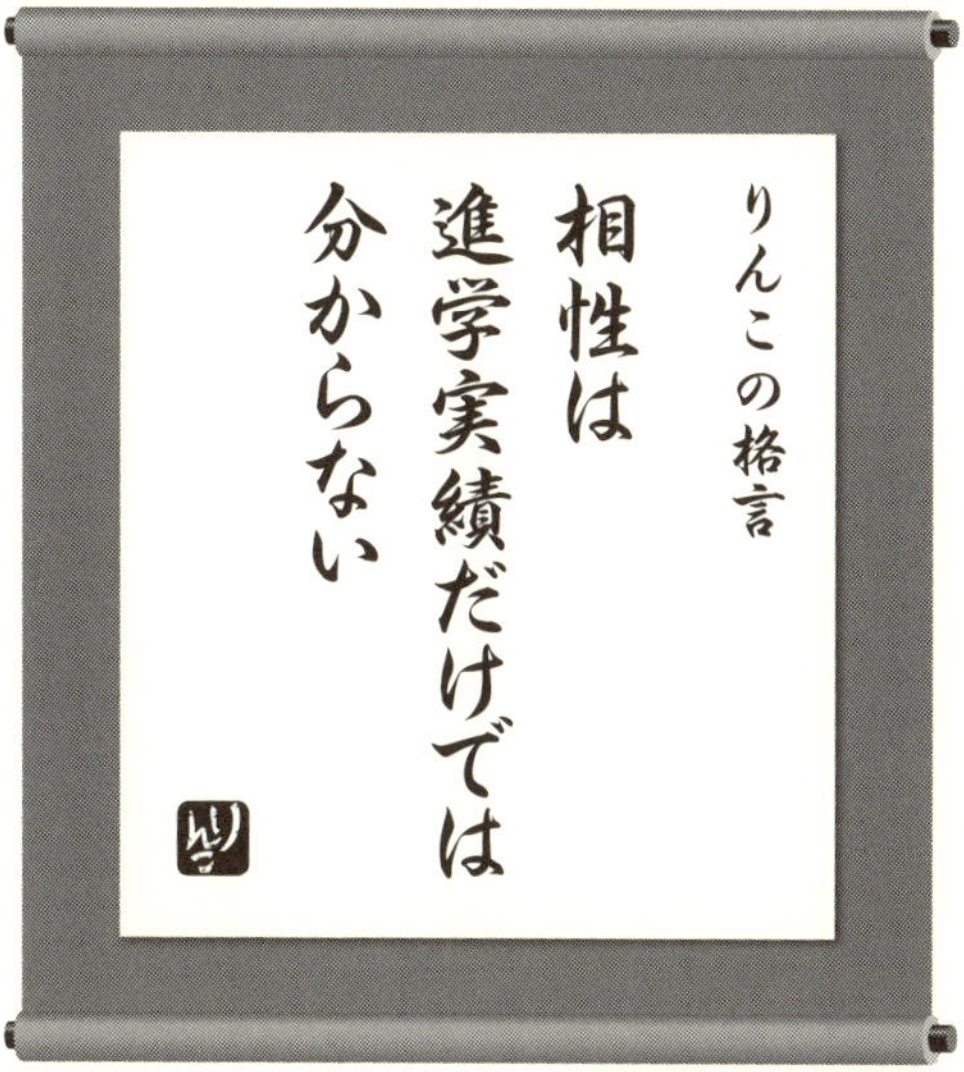
りんこの格言
相性は
進学実績だけでは
分からない

ダメおやぢ生態図鑑 ⑦

進学実績至上主義おやぢ

やっぱり
1番だよねぇ…

分類 〈ヒト科〉 データ重用、なまじ頭いい属

特徴 地方出身の公立トップ高出身者多し。都会への憧れか、他人(プロ)の格付けを妄信しがち。

取説 「進学実績」大好きなのは治らないので肯定し、「あなたが一緒に行ってくれないと」という言葉でまずは学校説明会に誘い出せ。

必殺技 週刊各誌の「高校別大学合格者数ランキング特集」をコンプリート。掲載データを分析し、独自コメントを披露する。

大手進学塾の先生が教えてくれた『中学受験ちょっといい話』　その1

コラム❶

私が尊敬してやまない大手進学塾Eの先生がいるのだが、その先生からお聞きした『中学受験ちょっといい話』を3つほど紹介したい。1つ目はあるお父さんのお話。

あるお父さんは仕事が忙しくて、家庭のことはほとんど奥さん任せだったんです。当然、朝も早いし、夜も遅い。休日だって出勤だし、愛娘に直接何かをしてあげるってことがしたくてもできなかったんですよ。

そんなお父さんだったんですが、願書受付の当日、真冬の寒い中、徹夜で学校の前に並んでいたそうです。面接もない学校だったので「なぜ、そこまでする？」と疑問だったのですが、そのお父さんに聞くとこういう答えが返ってきました。

「私ができるのはこれくらいなんです。娘は今まで本当に頑張ってきました。夜遅くまで勉強をしていたことも知っていますし、土日も塾だ模試だって頑張っていることも知っています。娘がこんなに頑張っているのに、私は普段は仕事で忙しく、どうしても娘の面倒をみることができませんでした。罪滅ぼしじゃないですが、せめて1番の受験番号を取って、娘を応援してあげたいと思って並びました。こんなことしかできなくてお恥ずかしいですが……」

私はこの娘さんに直接、このことを聞いたわけではないので、娘さんの心境は分かりません。でも受験番号を見て、きっと父親の気持ちを感じたはずです。「お父さんは決して自分に無関心ではなかったんだ」って。お父さんの愛情、しっかりと娘さんに伝わっていると思います。

父親道 2

100人のお母さんに聞いた

お母さんがイラつく夫のNG行動

精神年齢が低く、幼稚園児並みの行動ばかり 勉強中の子どもの横でスマホゲームとか意味不明

今回のアンケートで一番多かった「お母さん方が夫に対してイラつく行動」がこれだ。

精神年齢低っ！　の幼稚園児並みの行動ばかりしていて、子どもの勉強を邪魔してしまう。

いい大人なんだから、**一から十まで指図されなくても、自分で考えて行動できませんかね？**

夫に「今やるべきことは何か？」という高難度の技を要求するのはもう諦めたから、せめて「それ、今、ここでやる？」ってことをやめていただけません？

こちとら受験なの、受験！

戦力としては全く期待していないので、「お願いですから、邪魔だけはすんな！」という母親たちのこころの叫びを聞け！

偏差値40校に通う中2(♂)の母

うちは共働きだったので、家にいる方が塾の宿題の声かけや管理をやるわけです。

私が残業のときは、主人が私の代わりに「宿題はやったのか？」と息子に声をかけ、グズる息子に宿題をやらせ、終わったら風呂に入らせ、寝させるようにしてもらわないとい

けないのですが、主人は「声はかけたけど、やらなかった〜」とか、「何回言ってもやらないから仕方ないじゃない〜」と息子を放置してしまうんです。

しかも、放置だけならまだしも、リビングで息子と一緒にテレビを見ながらダラダラ。そして自分はそのまま寝てしまい、息子はこれ幸いとばかりにゲーム三昧という無法地帯……。


私が夜遅く帰って、その惨状を見たときには怒りで高血圧MAX。

ついつい主人を責め立てると、主人が逆ギレするのです（私は負けませんが）。

逆ギレはまだ許せますが（しつこいですが私は負けないので）、頭にくるのは、主人がときどき息子に向かって「オマエが勉強しないからダメなんだよ！」と責め立てることです。

自分がちゃんと管理できなかったことを息子に責任転嫁するなんて、最低です。子どもなんて自主的に勉強できないおバカなんだから親が必要なのに……。

「子どもに声をかけてね」とお願いしたら、本当に声だけかけて終了。

細かく〝ああして、こうして、これやって〟と幼稚園児にも分かるように作業指示を出さないと、子どものお使いレベルもできんのかい（怒）。


男っていつまで経っても「少年のこころ」を持っているようなんだが、子どもの受験になるとそのこころをパワーアップさせる輩《やから》が出る、たくさん出る。

偏差値68校を志望する小6(♂)の母

私が、子どもに少しでも勉強時間や睡眠時間を取らせようと躍起になっているのに、ウチの主人はこんなことをしでかしやがるわけですよ（怒）。

・学校説明会などで私に用事があって出かけなければならない土曜日、午後から塾があると伝えておいたにもかかわらず、私がいないのをいいことに、子どもを連れて外食などをしやがり塾に遅刻させる。

・子どもの迎えに行かせると、そのままコンビニに立ち寄り、漫画本の立ち読みをか〜るく小1時間ほど！　ほぼ毎週やっていたので、激怒してやめさせた。

・塾の迎えを頼んでいたのに、自分が接骨院に行き迎えに行かず。駅で寒風の中、受験が近い子どもを外で1時間近く待たせる。

・自分が遊びに行くことをわざわざ子どもに伝え、子どもが行きたがったら連れて行こうとする。

これね、ぜーんぶ小6秋以降の出来事ですから！（怒りの炎）

ひとごとだから笑える話なんだが、お子ちゃまと同レベルどころか、一気に幼稚園児状態に逆進化を遂げてしまわれた夫を持っちゃうと、本来ならば不必要な気苦労で妻の白髪や禿げが加速度的に進むわなぁ。

ちなみに受験母は白髪だけでなく、薄毛もデフォルト（標準仕様）ね。

小6秋にこれやられちゃ、たまったもんではないが、更なる逆進化を遂げられると、受験本番では次のようなことをやらかされる。

偏差値58校に通う中1（♀）の母

忘れもしない2月1日、午前本命校受験後、午後は滑り止め校を受けるように娘にも夫にも伝えておいたのに、**午後、滑り止め校を受けないまま帰宅してきた。**

へっ⁉　なんで午後入試を受けないで帰ってきちゃったの？

午前の試験後、娘が「今日の午後入試は受けない。今晩22時の合格発表を見て、落ちていたら明日の午後、滑り止め校を受けるから」と言ったから帰ってきたらしいのだが、おいおい、オマエは何のための付き添いだ⁉

その一方で、本命校の待合室で試験問題を見て「不合格を確信した！」と私に話す夫。確信したなら、その日の午後受験をするように強く説得するのが親じゃないのか？

呆然とする私を前に、「もう帰ってきちゃったもんね〜」と無邪気にはしゃぐ夫と娘。恐る恐る本命校の感触を娘に聞くと、案の定全くできなかったらしい……。

……終わった。

私はいつまでも下がり続けるジェットコースターに乗った気分だった。

男って大人になっても、「肝心要のここでやるか!?」ってことを確信犯的にやらかす生き物でもある。だから敢えて私は言おう。

受験本番の付き添いだけは母が行こう。おやぢに頼むと受験校が逝ってまう。

子どもが勉強している横でゲームをしまくる父親

私が今回のアンケートで時代の進化を実感したのは**「父親のタブレット依存」**だ。

10年くらい前まではPC系の悩みと言えば、エロサイトからのすんばらしい課金請求が届き、息子を取り調べたら「実はおやぢがうっかりさんだった」っていうオチが付くものが主流だったんだが、今や猫も杓子もついでにおやぢまでもが、パズドラやモンストなんかのスマホゲームをやってる状態なのだ。

6年生の受験生を持つ母親のアンケートから、怒りの声を拾ってみよう。

偏差値64校を志望する小6(♂)の母

息子が塾の復習をしている横で、無神経にテレビゲームをやり始めるバカ夫。「遊びたい盛りの息子の隣でふざけんな！」と私は怒り心頭。最近は息子に「もう、勉強終わった？」って聞いてからやっているけど、そもそもこの時期ぐらいゲームを我慢できんのか！

偏差値61校を志望する小6(♀)の母

リビングで過去問をしているとき、時間を計って子どもに声かけするように頼んだところ、子どもからしっかり見える位置のソファに寝転がって、その間ずっとスマホでゲームをしていた。子どもは無言で怒っていました！

志望校は秘密の小6(♂)の母

夫は息子の勉強にはノータッチで、勉強している横でスマホゲームと漫画三昧。週末は家族放置で趣味の集まりに出かけていく(邪魔だから出かけてくれた方がむしろいいのだが、私は飲み会などに全く行けていないのでムカつく！)。

子どもの中学受験を考えるようになってから夫にイライラしたり、こんなヤツと結婚するんじゃなかった、失敗した！　と思うことが多くなってしまった。

もうATMだと思うことにする！

志望校は未確定の小6(♂)の母

狭いリビングで勉強する息子の近くで、ずっとパソコンやタブレットをいじり続ける夫。これでは自分の好きなことばかりしているお父さんに、至近距離から監視されているような気持ちになるだけ。

このように、出るわ、出るわのネット中毒。

「スマホ依存」というものは青少年の病気だと思っていたが、**いい年こいたおやぢも見事にはまっている**というのが裏付けられたような形になった。

こういうおやぢの特徴としては中学受験消極派が多く、妻やら子どもやらが「中学受験ってのをやってみよっかな？」ってほざいているから、大した思考も巡らせずに「じゃ、やってみれば？」みたいにお気軽に参入したケースが多い。

それ故、自分までもが大火事に巻き込まれることになるなどという未来予想図が描けておらず、普段どおりの生活をしようとする。

挙句、妻子の地雷を見事に踏んでいることにも気が付かず、更には「ＡＴＭ認定」がなされていることにも気が付かない幸せ者になっているのだ。

そして、次のような輩《やから》も実に多く、妻子から徹底的に嫌われること間違いない。

偏差値54校を志望する小6(♀)の母

うちの主人は映画が大好きで、私と娘が勉強していても大音量で映画を見ていた。

主人は中学受験の経験がないため「やらされて勉強するならやるな」と言う。

「ヤル気があるなら音なんて聞こえないはずだ」と言う。

中学受験は高校受験と違って子どもの精神面が未熟なため、自主性だけに頼るのは難し……いことが全然分かっていない。

このように勉強部屋の隣で大きな音でテレビを見たり、勉強している子どものそばで携帯ゲームをするのはやめて欲しいという声は多い。

おやぢは「直接関係ないからいいじゃないか」と言い訳するんだが、子どものモチベーションは確実に下がってしまう。

「勉強しようとしない子」を机まで持ってくることだけでも、既に妻はヘロヘロなのだ。なのに、更におやぢが追い打ちかけてどーする?

受験家庭は火薬庫だと認識しよう。

「幼稚園児おやぢ」に対抗するための処方せん

基本は幼稚園児なので、ママが事細かく「これはやってはいけないこと」「これはこうして、こうして、ここまでやること」などの指示を出せば素直に従える。「それくらい、言わんでも分からんのかい!?」と思う時間が無駄。

妻がイラつく夫の行動
File 2

「もう金は出さない！」が常套句《じょうとうく》！経済封鎖をチラつかせ、妻や子どもを脅しまくる

「そんなんだったら、もう金は出さない！」という経済封鎖的な発言。

これって、経済的基盤を夫に依存せざるを得ない妻に対してはものすごく卑怯だと思うし、親として、子どもに一番やっちゃならんことではないだろうか。

ただ、下手に反論して夫のご機嫌を損ねるとこっちが路頭に迷ってしまうので、取り敢えずは言い返すことなく、家族は御説を拝聴する憂き目に遭う。母親たちの声を拾ってみよう。

偏差値57校に通う中2（♂）の母

「オマエに出す金はない。塾に行きたければ土下座しろ」と息子に言い、「夏期講習は行かなくていい」って言い切ったことは忘れません。

多分、夫は「塾に行かせてもらうことが当たり前というのはおかしい。（親に）感謝しろ」ということなんだと思うんですよね。

「特別扱いするな」「甘やかすな」「偉そうにさせるな」

「勉強させてもらってるんだぞ、ありがたいと思え！」

と、私にも息子にもずっと言ってましたね……。

偏差値36校に通う中1(♂)の母

「金の無駄だから、公立に行け！」

「馬鹿に出す金はない！」

「ヤル気のないヤツはやめろ！」

このように息子は父親から言われ続けました。

でも、もう少し息子と話して欲しかったです。最初から否定ではなく、できたところを認めてあげて欲しかったです。

志望校の話は今は勘弁の小6(♂)の母

私が考えていて、息子も行く気満々だった学校がありました。

ところが、夫は6年生の5月の連休に突然、「そこに行くんなら、大学から行けばいい。わざわざ中学受験をして行くところではない。そこを受けるなら、俺はもう金は一切出さん！」と、訳の分からないことを言い出しました。

終始不機嫌オーラを発していた夫と言い合いが続いてしまい、私はストレスMAX。突発性難聴になってしまいました。年が明けてもまだ治っていません。

中学受験はお国の義務教育レールに背いてまで特攻しているマイノリティーの存在なので、そこに何百万円も投資する必要があるのだろうか？　と悩むご家庭は多い。

その〝本来、必要でないもの〟に対して、

「俺さまが汗水たらして稼いできた金を、感謝も実績もなく湯水のごとく垂れ流すのは許さんからな！」

という論理、まあ、分からんでもない。でも、私は思う。

親が子どもの教育に金をかけるのは当ったり前のことである。

それは、子どもから感謝をしてもらうためにやるわけでも、驚異の実績を上げさせて費用対効果にうっとりするためのものでもない。

付け加えるならば、「感謝」というものはこちらが「強要」するものではない。受け手側が心打たれたときに、自然発生的に湧き上がってくるものであろう。

私は最近、こんな話を聞いて考えさせられている。

一流と呼ばれる大学で、わずか1単位不足で留年となって3年生を2回やる羽目になった青年がいた。

父親が激怒して仕送りを止めたため、彼は生活費を稼ぐべく居酒屋で働き出し、学生なんだか、居酒屋店員なんだか、よく分からない暮らしになった。

それから約1年。

22歳、大学3年生の彼は、フリーターのおねーちゃんとの間に赤ちゃんができ、結婚する運びとなったが、彼の周囲では〝人生オワコン（終わったコンテンツ）〟感が濃厚だ。

「奮起を期待して」とか「これをバネに」と活を入れることを良かれと思い、**経済封鎖を脅しに使ったり、あるいは実行したりした父親が、その後に破顔一笑になったという話、私は聞いたことがない。**

もっと怖いのは、アンケートにこの「経済封鎖」のことをつづってくれた妻たちが、こう書いてきたことだ。

「夫の言動に感謝したこと？　5分くらい考えたけど何ひとつ思い浮かばなかった」

「夫の声かけに私が救われたと感じた瞬間ですか？　すみません、思い付きません」

「夫に最も感謝したこと？　特にありませんが、夜遅くに迎えに行ってくれたくらいですかね……数回でしたけど」

女はされたことは生涯忘れない生き物。この夫たちの終末の無事を祈るばかりである。

「経済封鎖おやぢ」に対抗するための処方せん

「感謝」の気持ちを言葉や態度に出して持ち上げると、木のてっぺんまで一気に登れるタイプ。子どもに「パパのおかげ。パパはすごい」と洗脳作戦を施し、パワハラを少なくするべし！

File 3

妻がイラつく夫の行動

かかわり方が中途半端なくせにちょこちょこ口出ししてくるのが腹立たしい

大学付属校を志望する小6(♂)の母

ウチの夫は受験には無関心派でした。それなのに、中途半端に口出ししてくるわけです。本当にやめて欲しかったです。

6年の初夏に塾と志望校を決める面談がありました。日頃、息子の受験には全くの無関心で勉強も一切みない夫が、なぜかその時だけノコノコ付いてきたんです。

私は息子の性格やそれまで勉強をみてきた感じなどで、第一志望校にとある大学付属の中学を考えていました。

ところが、塾の担当者が「その偏差値でそこを目指す人はあまりいない」「そこに行くと、そのままそこの大学に進学してしまうことになりもったいない」などいろいろ言ってきて、御三家のひとつを受けるようにしつこく勧めてきたんです。

塾は実績作りが大切なんだなぁと私は流そうと思ったんですが、帰宅後、夫が突然「目標は高く持つべき!」とか言い始めて、息子は大混乱ですよ。志望校で口出しするんなら、もう少し早い時期から、積極的に中学受験にかかわって欲しかったです。

そんなヤツがですよ、先日、息子の初戦である埼玉受験があったんですが、よりによってその日の朝に**「今日も趣味の集まりに行ってくる！」と明るく言い放ちました**からね。息子が、「よほど趣味が大事なんだろうね。大人は休みの日に休めていいな」と悲しそうにしていて、可哀想でした……。あ～、ムカつく！

中学受験とは非常に特殊な世界である。素人さんには難解な部分も多いため、「分かり易く説明いたしましょう」と言って、その道で立派に食っている人がごまんといる世界だ。プロが存在している世界なので、素人は「餅は餅屋」として任せてしまった方がうまくいくケースが多い。

ところが、何かのきっかけで中学受験に開眼する父親が出るのも、この世界の特徴だ。うまくわが子を指導できれば理想なのだが、「ホウレンソウおやぢ」でも触れたように、父親というのは加減を知らないので暴走しがちなのだ。

特に、**勉強というものはわが子に教えるのは超が付くほど難しいらしく、中学受験専門塾の室長でさえ「自分は〝父能研〟(*)はやれない」と、はなから匙《さじ》を投げている**のである。父能研のご家庭は、暴走にはくれぐれもご注意いただきたい。

父親がこの世界にどっぷりと漬かるのも問題が多いが、それよりも専門家たちが警鐘を鳴らすのは**「ちょいちょいチャチャを入れてくる父親」**だ。

(*) 父能研＝中学受験専門塾の名をもじったもので、父親が教えること。業界スラング途中だけ、あるいは結果だけに固執して、表面だけを見てダメ出しをするからという理由なのだが、この「中途半端さ」が一番よろしくない結果を生むらしい。

最終コーナーでいきなり参戦してくるパターンも散見される。塾の先生たちのアドバイスを総括するならば、**「かかわるなら、最初から最後まで、ちゃんとかかわれ」**ということに尽きる。

偏差値58校を志望する小6(♂)の母

受験経験者なんだから、もう少しかかわって欲しかったんです。一緒に学校を見に行ったりして子どもの気持ちを盛り上げてくれたらと思い、かかわってくれるよう、何度もお願いしたのですが「めんどくさい！」の一言で全く動いてくれませんでした。

しかしです。今、ギリギリになって、志望校やら受験日程に関して、いろいろと口出ししてくるんです。本当に腹が立って仕方ありません！

偏差値60校を志望する小6(♂)の母

元々、夫はほとんど口を出さないタイプだったんですが、5年生の頃に私がマジ切れしたことがあり、それ以降は塾の保護者会に出たり、子どもの勉強もみてくれたりしました。ただ、そのかかわり方が気まぐれで困りました。

今、受験真っ最中ですが、結局、最後まで気まぐれのままです。やって欲しいことはかなり具体的に頼まないとやってもらえないので、全く口を出さないタイプのままでいてくれた方が良かったのかな？　なんて思っています。

つまり結論は、「おやぢはかかわっても、かかわらなくても文句を言われる」存在なのだ。では、どうすれば妻から評価される父親になれるのか。実は意外と簡単なのである。

中堅大学の付属校に通う中1（♂）の母

主人が嘘でも「うんうん、辛かったな」と一言、私に言ってくれたら、それだけで私は救われて、楽になったと思う。主人にはそれだけでよかった。

もし、中学受験における父親の役割をひとつだけ挙げろと言われたら、「妻子のメンタルケアのみ」と私は強烈に推しておく。

「ちょい口おやぢ」に対抗するための処方せん

急に思い立ち、それが一番の有効技という主張をしてくるので、それが有効でなさそうならば、きっぱりと断ること。一瞬で傷ついて参加してこなくなる。

「そんなことも分からないのか?」容赦のない暴言で、ひたすらわが子を罵倒する

「中学受験をすると離婚が増える」とは私が発した格言であるが、離婚まで至らずとも「不仲」になる確率はアップする。

大体である。好いた惚れたで結婚するわけだが、それから10年。結局、ふたりは大した話もしないまま時を重ねてきたに過ぎないのである。だから、「子どもに中学受験ってのをさせてみよっかなー」って段階でハタと気付いてしまうのだ。

「え～!? コイツってこんなヤツだったのぉ?」と。愛の堤防決壊、洪水、津波の大災害だ。

大抵の妻はわが子に対して、日々、猛烈に怒っている。

それが母の仕事でもあるからだ。

これに受験が加わると、その頻度は目盛りが振り切れるレベルに達する。

しかし、これが世の男性諸氏には理不尽に映るだろうが、**妻は自分がわが子を怒鳴ることに関しては限りなく寛容な生き物だが、夫がわが子に同じことをやろうものならば、ブチ切れる**のである。

「よくもアタシにそんな口を!」

アタシの後にはカッコが入り、その中には〝**アタシの限りなく可愛い宝物である一心同体のわが子**〟と書かれている。

つまり、夫がわが子に吐いた唾は自分に向けられたものと解釈するのだ。

志望校が決められない小6(♂)の母

私が子どもを勉強のことで叱っているとき、それに被せるように「もう受験なんてやめろ！」と怒り出した。

私が絶対に言わないようにしている「受験やめろ」を感情に任せて言うな！ おまけに親がふたりして子どもを追い詰めてどうする⁉ と夫婦喧嘩から修羅場になった。

あ～これって「受験あるある」だわ～！ と私は小躍りする。

偏差値53校を志望する小6(♂)の母

夫が算数が苦手な息子に算数を教えているとき、

「前にやったじゃん」

「これ教えたじゃん。もう忘れたの？」

「えー？ なんで？ 頼むよ～」

と解き方を忘れてしまった息子に対して、大きく舌打ち。

息子もだんだん不機嫌に。そのうち、息子も態度が悪くなり、夫はテキストを丸めて「そういう態度なら、もうやらない！」と大喧嘩になった。

テキストはグチャグチャになるわ、息子はふてくされるわ……。結局、2時間で5問。息子のモチベーションは大きくダウンする結果に。

私がたまらず間に入ると、夫から「ママは関係ない。入って来るな。●●（息子の名前）が甘えるから！」と言うのだけど、貴重な時間が喧嘩状態になっているのを見て見ぬふりはできない。たまらず介入すると、今度は夫婦喧嘩に発展！「夫なんていなければいいのに」と本気で思った。受験期間中、何度、憎しみを抱いたか分からない。


あー、これも誰しもが経験する「受験あるある」。

しかし、他人の話だと文句なく楽しい。

夫が過去に発した暴言を、妻は生涯忘れはしないのであるが、**夫がわが子に対して発した暴言も妻への挑戦状と受け止める。**

わが子を追い込む代表的なＮＧワードを挙げよう。

「なんでそんなにできないのか分からん」

「そんなことも知らないのか？　常識だろ？」

「本当に馬鹿なんだな」

「そんな偏差値の学校、受ける価値があるのか?」

「偏差値○○以下の学校は受けるな! 受かっても行かせない!」

中学受験においては、多くの学校が小学校での学習内容の範囲を大きく逸脱している問題を問うてくる。中学受験で培った4教科の知識で、英語を除いた高卒認定試験をクリアできるほどなのだ。それくらいの知識量を12歳が持つのである。

しかし、その3倍強は生きてきたであろうおやぢは、遠い記憶になってしまった己の12歳の頃を限りなく美化して「俺さまはできたのに、オマエは馬鹿だ」と言い放つ。

また、偏差値というのは株式相場と同じなので、塾の操作などで簡単に変わってしまう代物だ。わが子の特性、学校の今の姿を見ようともせずに、そんなこころもとない数字だけを拠り所に決め付けることはかなり危険である。

父親がやるべきは、目の前にいるわが子をディスることではないはずだ。

「ディスりおやぢ」に対抗するための処方せん

基本、めんどくさいヤツなので丁寧に参戦辞退に追い込む方が結果、楽。子どもの不在時に超難関中学の過去問を解かせてみて、自爆していただくことも時には有効。

妻がイラつく夫の行動 File 5

肝心要《かなめ》なことはすべて妻任せ！責任を取りたくないから重要案件から逃げまくる

男って肝心要、ここってときに逃げ出すことがある。

例えば、立ち合い出産のときに貧血で倒れてしまうタイプがそれに当たる。

「分娩室の医者は、おめーのために待機してんじゃねーっ‼」

とさぞや妊婦の産道が怒りで開くことだろう。

中学受験の場合でもこういう男は散見される。

まだ迷い中の小6（♂）の母

ネット出願の学校がありまして、パソコン上の記入フォームには既に必要事項を記入済みなのですが、送信ボタンがなかなか押せない夫。

私を呼び「ちょっとこれ間違いがないか確認して、大丈夫なら送信ボタン押して」と。

そのくらい、自分で押しなさいよ（怒）。


この妻の怒りを解説するならばこうである。

・小学生じゃあるまいし、願書提出くらいの文字、自分で確認できんのかいっ!?
⬅ つーかコイツ、万が一記入ミスなどがあって、受け付けてもらえないなどの非常事態が生じた際の「責任を取りたくない」という一心だろうが！
・「この程度」のことも妻に頼ってしまう他力本願男だったとは……。大体、コイツはいつもそうだ。肝心なときに役に立たない！
⬅
・こんなヤツに「アタシの未来を託していいんだろうか？」
⬅
・え～？　ひょっとして、やっぱり（結婚相手）選択ミス？
⬅

と、夫との出会いの瞬間からを後悔しそうな展開に一気に陥りかねない。
ネット出願など指1本ワンプッシュで済む労力なんだが、ケツの穴が小さいばかりに「受験中、最もムカついたこと」という栄誉に、堂々と輝いてしまうのだ。

……偏差値63校に通う中1(♂)の母
夫が受験会場に付いていった1月受験、そして発表を見にいった2月の第一志望校。どちらも落ちてしまったので、2月4日の現通学校の発表を「俺が行くと落ちそうで嫌だ」と行くのに尻込み。

前日、一緒に見にいって落ちていたから、私だってかなりのダメージを受けていて、本当は見にいくのが怖くて仕方なかったのは同じなのに（他校へ入学金支払期限の関係上、その日、絶対に発表を見にいかなくてはならなかった。息子は他校受験中）、「この意気地なし！」とキレてしまった。


………………………………


分かるよ、分かる。

妻が恐怖でがんじがらめになっているこういうときにこそ、

「なに、心配するな！　俺が見にいくよ。今回はきっと大丈夫！　ママは安心して待っていればいいから」

くらい言ってくれれば惚れ直すというものを、真逆の展開かい⁉　って、こころは泣きたくなるよね。もっとも、女は強いので、泣くより先に**「怒り狂い」**↓**「有無も言わさぬ命令」**↓**「強制執行」**になるんだけどね……。

健康診断結果もそうだが、受験の合否も「パンドラの箱」のようで、開けるのは怖い。

その次の瞬間の運命が分からないからで、運命の1秒前は誰しも不安なのだ。

昔、あるおやぢが中学受験の合格発表会場で子どもだけを見にいかせて、自分は校門の前に立っていたことがあった。

その場で「お父さんは見にいかれないのですか？」と問うた塾の先生に、そのおやぢは「運命の結果は自分で確認するものです」と言ったらしい。

後日、その妻が、

「主人が調子いいこと言ったみたいですけど、本当は怖くて掲示板の所まで行けなかっただけなんです。戻って来た息子の『あった！』の声に全力ダッシュで駆け付けたみたいで……。受かっていたから良かったようなものですけど、逆の結果だったら、息子は掲示板の前でたったひとりで、何度も、ない番号を確認しないといけなかったわけですよね？　それを考えたら『おまえ、何しに行ったんだよ！』って見損ないましたね」

とお怒りだったという話をその塾の先生に聞いた。

おやぢの「合否」は些細なことで決まるのだ。

「他力本願おやぢ」に対抗するための処方せん

人生の岐路に立ったときに迷いがちであるので、妻が占い師になって堂々と「右よ、右！」と誘導すれば、安心して右に進み、実力を発揮してくれる可能性が高い。妻の決断力が一家の進む道を決める。

妻のこころ夫知らず……。受験に対する夫婦間の温度差が軋轢《あつれき》をうむ

夫婦の中学受験に対する考え方の違いで最も多く目立つのが、**「妻は受験に一生懸命。しかし、夫の反応はイマイチ弱い」**というケースだ。

つまり、妻が「やるからにはMAXの力で駆け抜けて欲しい」と願っているのに対し、「まだ子どもなんだから、そんなにヤイノヤイノ言ってやらせんでも！　どーにかなんじゃね？　どーにか」

と夫が言葉にも態度にも出してしまうことによって、どうしても夫婦間に温度差が発生してしまうのだ。

これがMAX要求派の妻には辛い。

中学受験の厳しさを肌感覚で日々、実感している身にとっては「足を引っ張る邪魔者」が一番近くにいることになるからだ。

「敵は本能寺にあり！」

なんて言っていられないほど、裏切られ感が募る。

「どーにかなるかっ！　ならぬものはならぬのです!!」と妻は怒髪天を衝くだろう。

偏差値58校に通う中1(♀)の母

ウチの夫は「勉強はしたければやればよいし、したくなければやらなくてよい」と、常々娘に言っていたが、そんなキレイごとを言っても子どもにはピンとこないし、中学受験に誘導しておいてズルいと思った。

そうなんだよなぁ。

大抵の子どもが「勉強なんかやりたくないなら、やらんでよし！」と言われたら、ホイホイ「ラッキー！」状態になるのは目に見えている。子どもは素直なのだ。

中学受験は「やりたくなかろうがどうしようが、やることやらんかいっ‼」って世界になるので、誘導しておいて、わが子の自主性に任せるのはギャンブルになってしまう。

偏差値66校を志望する小6(♀)の母

夫は幼稚園から大学までエスカレーターだったことと、性格的なものもあってかなりのお気楽タイプ。「大丈夫、勉強なんてできなくても何とかなるよ。俺も何とかなったし！」と度々言われたのには参りました。

「あなたの親と違って、私たち夫婦にはわが子を何とかできるだけの財力なんて、とてもありませんから！」と言いたかったです。

「どーにかなる」「何とかなる」の現状認識欠落男も困るんだが、一方で妻が怖かったなどという理由で、中学受験に消極的な形で渋々参戦しているおやぢはやはり詰めが甘い。

偏差値69校を志望する小6(♂)の母

入試を1カ月後に控えた12月末、今まで受験に全くの無関心で、学校説明会や塾の保護者会など、一度も足を運んだことがない夫でしたが、さすがに2月1日からの数日は入試に付き添い、合格発表、入学手続きなどを手伝ってもらいたいと思い、会社をどれくらい休めそうかなどを話し合いました。

夫は「可能な限り協力する」と言ってくれホッとしたのですが、「ところで、なんで中学受験するの？　高校入試だったら、もっと楽だよ」と言われたときは唖然としました。

地方の公立進学校から難関大学と進んだ夫からしたら当然の疑問とはいえ、なぜこの時期にそんなことを……。そういうのは4年の入塾時に納得していたんじゃなかったの？

しかも私に言うならまだしも、入試を目の前に控えた息子の前でそれを言うか？　と怒り心頭に発しました。

これは**「はいー!?　今さら、その疑問かいっ？」**になってしまうので、妻は怒っていい案件である。

偏差値58校に通う中2（♂）の母

第一志望校入試前日、天気予報は100％の大雪。集合時間までにきちんと行けるのか、パニクる私に対し「僕の車のタイヤ、スタッドレスじゃないから、送れないからね〜」と呑気なセリフ。

JRは雪だとすぐに運休になって大幅に遅れるのに、主人は当日の交通手段など何も考えてくれず、付き添う気持ちもゼロで当日の朝を迎えました。

この1日のために3年生の9月からず〜っと頑張ってきたのに、主人はガーガーといびきをかいて寝ている。外は大雪。コイツは息子を思いやる気持ちがないのかと本当に腹立たしかったです。最後に、出発前に一言何か言葉をかけて欲しかったのに、爆睡……。**これから困ったことがあっても、コイツのことは絶対に助けたくない！** と心底思いました。

熟年離婚に1票。そうなりたくないのなら、タイヤはスタッドレスに履き替えよう。

「能天気おやぢ」に対抗するための処方せん

生まれ持ってのおおらかさは魅力であるが、大きなリスクから目を背けがち。現実を見せるのが妻の役割でもあるので、ちょいちょいリアルを突き付ける方法がベター。

妻がイラつく夫の行動 File 7

父能研を自ら買って出ておいて子どもが理解できないと切れて怒鳴り散らす

世の中には「教えたがり」という者が存在する。

人に勉強を教えるということは難しいのであるが、**「そんなのは朝飯前だ！」と名乗りを上げるおやぢが続出している。**

P51でも触れたが、小学生に勉強を教えるプロである塾の室長でも、「わが子に対して〝父能研〟はやれない」と言っているのにもかかわらずだ。

偏差値60校に通う中1（♀）の母

理系の主人は娘の算数と理科の勉強はみてくれていましたが、特に算数に関しては塾の教え方より自分の教え方の方が良いと思っているらしく、自分の教えた解き方を娘に強要していました。

ときにはイライラして娘を恫喝し、それを私が注意すると「それならママが教えろよ！」と怒る。その流れから、塾の教え方への批判が始まり……。

おかげで娘は混乱してしまい、算数嫌いになってしまいました。

「パパの言うとおりに勉強すればテストの点が20点くらいすぐ上がるのに、言うとおりにしないからダメなんだよ」と自分の方法が一番良いと思っているので、それ以外、認めようとしませんでした。

そのくせ、受験が終わりそうな頃に算数の参考書を買って来て「こう教えれば良かった！」って言い出す始末で、もっと早く気付いて欲しかった……。


ご自分の頭脳に対する自信の現れなんだろうが、こういうおやぢって頑《かたく》ななんだな。塾の指導方法と家庭での教え方とが違ってしまうと、子どもの頭はパニックになってしまう。

偏差値62校に通う中1（♀）の母

元々、娘にはやさしくて甘いパパでした。

でも、夫が娘に算数を教えているときに、娘が「先生の教え方と違う！　先生に聞くからもういい！」と意見をしたり、やる気がない態度を取ったときなど、激昂して「そんな態度じゃ受からないぞ！　落ちるぞ！　落ちてしまえ！」などという暴言を吐き、しかも、しつこいほど長い説教をすることが多々ありました。

説教が終わっても、ずっとひとりでブツブツ文句を言い続けてばかり……。

娘は受験勉強を始めて1年ほどでパパのことが大嫌いになりました。

受からせたいのか、落としたいのか、己が策に溺れて、最愛の娘から嫌われては立つ瀬がなかろう。

わが子を追い込む〝呪いの言葉〟は、母が吐くものだと思っていたんだが、父親も受験に関わる、しかも勉強を直接みるようになると、自制心が一気に崩れる瞬間が来るらしく、頻繁に〝呪いの言葉〟を口にするようになる。

特に女の子は思春期が来るのが早いので、「パパ大好き!」から「パパ大嫌い!」へと変わる時期にも重なる。ただでさえ「大嫌い」に近付いているのに、〝呪いの言葉〟を吐かれたりした暁にゃ「大大大嫌い!」になって、以降、生涯寄り付いてはもらえなくなるだろう(ただし、「パパ=お財布」と認知されたら話は別)。

偏差値50校に通う中1(♀)の母

娘は6年の12月から1月という受験直前期に、塾の宿題をやらずに隠したり、塾内テストの点数を書き換えたりと私たち親を怒らせることを何度もしていました。

私は毎日のように娘を怒鳴っていたのですが、私と娘の関係性悪化を心配した主人が、私に代わって娘に注意してくれるというので、お願いしました。

塾の宿題の分からない問題はすべて主人が教えてくれていたので、冷静に話をしてくれることを期待していたんです。

ところが、娘の反抗的態度に主人が切れてしまい、1時間以上も説教が続き、最後には「そんな態度だったら受験しなくていい！　地元の中学に進学しろ！」と。

その後、娘が宿題に取り掛かるまでは更に30分以上もかかり、貴重な時間を無駄にしたのと、宿題が終わらないという最悪の結果になりました。そのときはさすがに私も主人にイラッとしましたね。


中学受験は日頃「冷静沈着かつ完全」を売りにしている人格者をも破壊する魔物である。「父能研」あるいは「説教塾」を開催するときは、ジキルとハイドがわが身に内在することを自覚して、**呪いの言葉を吐かないように自制**しよう。

こんな馬鹿には金の無駄だから、公立に行け！

「こんな馬鹿」「金の無駄」「公立に行け！」

この3つはわが子に絶対に言ってはいけない、中学受験の三大禁句ワードである。

「父能研おやぢ」に対抗するための処方せん

余程怒りの沸点が高い人物でない限り、父能研は間違いなく失敗する。やめておいた方が無難であることを、ただひたすら説得する。教師は赤の他人に限るのだ。

イラつく夫の行動
妻がつく夫の行動 File 8

デリカシー欠如の無神経発言連発で妻の子どもへのフォローを一気にぶち壊す

アンケートを紐解いていくと、全くの赤の他人のはずなのに「**いや〜ん！　このおやぢとこのおやぢは双子じゃね？」ってくらい似た行動を取っている人がいる。**

双子どころではなく、おそ松くん（六つ子）である。

このおそ松くんたちの特徴は、無神経であるが故に「妻のフォロー」を一気にぶち壊すことにある。

あるおそ松くんは、クラスアップがかなわなかった娘にこう言ったそうだ。

「あれ？　またクラス上がれなかったの？」

今しがた、妻が凹む娘のために全身全霊で「塾のクラスを上げるために勉強してるんじゃないよね」とフォローしたばかりであるのに、これである。

自分が「また昇進できなかったの？」と言われているのと同じことなんだが、わが子だと思うと遠慮がなくなる。

別のおそ松くんはこうだ。

やっと集中力が出てきたと思って喜んでいる妻の目前、わが子に向かってこう抜かす。

「ヤル気が出るのが遅過ぎる！」

自らの手でわが子の顔に大きく「不合格」のスタンプを押してどーする!? である。

またまた別のおそ松くんは、こんなことを言っている。

妻が娘に成績を立て直す方法を考えさせて、口に出させようとしているときの発言。

「できないんだったら、やめていいんだぞ～！」

妻にはそれがまるで「投げ出すこと」を促しているように感じられ、「非常に不快」だったそうだ。

これと同じような発言に**「受験に受かれば遊べるぞ！」**がある。

「中高一貫校に入りさえすれば桃源郷が待っているので、遊んで暮らせる」という餌で釣るのは非常に危険だ。中学受験が地獄の1丁目ならば、中高一貫校には2丁目以降の停留所が丁寧にご用意されているのだから……。

今だけ我慢という短期戦を謳い上げると、わが子が「(親に) 騙された！」と入学後に気付いた暁には、洒落にならない展開が待っている。

それに気付いていた妻は、夫のこの無責任発言に対して「これでは娘がダメになる」と危惧している。**勉強をすることは〝楽しい〟という体験でなければならない**のだ。

妻はわが子が一度決めた道を貫き通すための援護を、毎日懸命にしているのであるが、その最中によりによって夫から思い切り足を引っ張られるような感覚に陥る。

更に、妻子のモチベーションをわざと下げようとたくらんでいるとしか思えないような発言もある。

「塾で質問をしてこないということは全部、理解できてるってことだな？　だったら、この問題を全部、解き直せ、今すぐに！」

と解き直しを命じるのだ。

妻子には妻子の事情があって、日々のスケジュールは決まっている。なので、いきなりオプションを追加されても、宿題やら、やるべき演習やらが目白押しで取りかかることもできず、子どもは困り果てていたそうだ。

もちろん、全部解けるわけもなく、父親に怒られるという顛末……。悲惨である。

そして、おそ松くんは「上から発言」を好む。

あるおそ松くんはこう言った。

「こんな問題も解けないなんてやばくね？」

「俺が小学生のときはこの程度の問題は楽勝だったけどなぁ」

「オマエは馬鹿か？　父さんは小学校のときに分からないことなんてなかったぞ！」

見下し発言連発である。

自分の中学受験時の自慢話をした上で「なんでそんなにできないか、分からん」と何回も言い続ける。

少年よ、今すぐタイムマシンに乗って調べてこい！　ってなもんだ。無神経な発言はヤル気を失わせるばかりではなく、トラウマを生む。

偏差値53校を志望する小6(♂)の母

言葉以上に息子をトラウマにさせたのは父親の『ため息』でした。できなかったときのため息が言葉よりも傷ついたと思います。

せっかくの中学受験。わが子のヤル気と自信の半分は親が作り出さなくてどうするのだ。

受験直前でも無神経発言は止まらない

男と女はすれ違ってばかりだが、それは夫婦になって、生活を共にしても変わらない。男は妻が何に対して怒っているのかが分からないし、女は夫がなぜに突然、そのような行動に出るのか理解できない。

こと中学受験時は「お家の一大事」である「非日常感」で溢れているので、今まで大過なく勤めて参った家庭生活も激震する。

子どもの勉強のこと、成績、ヤル気、態度、経済的負担、時間的制約、いろんなことが親の身に乗っかってくるんだが、そのプレッシャー（＝これだけの手間と暇と金をかけ続けて、もはや失敗は許されない！　という強迫観念）が思わぬところで噴火することもあるのだ。

つまり、本来の噴火口ではなく、予想外のところから溶岩が溢れ出すことがある。

偏差値61校に通う中1（♀）の母

第一志望校入試前夜のことです。娘とずっと努力し続けて、ここまで来られたこと、それだけで私は合格だと思い、合格証書を作成して娘に渡しました。

娘と私が戦い続けた3年2カ月の思いが込もった合格証書でしたが、それを見た夫が失笑。「なんだ、これ？　こんなの見たことない。こんなのもらっても嬉しくないよな」って夫が言ったんです。無神経な夫の言動に「離婚だ！」と私が大騒ぎ。

入試前夜、娘は「もう合格できない。今まで頑張ってきたのに、明日なのに、なんでこんなことになるの？　なんで喧嘩するの？」と大泣き。夜も遅くまで眠れないということになってしまいました……。


お受験界のプロの先生方が聞いたら噴飯物の話だとは思うが、私は「ありがちだよなぁ」って印象を持つ。

男には分からないのだ。**大抵の男にはデリカシーという感情が欠落しているから**。

母は子どもの努力を知っているからこそ、そのプロセスを褒めて認めてあげたいと思っている（ついでに自分の努力も）。

しかし、明日では遅いのだ。結果がもし「不合格」であれば、それは形だけのものになりかねないし「合格」であったとしても、その二文字に躍ってしまい、肝心な思いをうまく伝えられないままで終わる可能性があるからだ。

「合否」が出る直前だから意味があったのだ。

「お母さんは誰よりもあなたが頑張ってきたことを知っているよ。偉かったね。世界で一番、偉い子だよ」ってわが子を認めながら、わが子というその存在にただ感謝するための「合格証書」だったんだと思う。

ある意味、**生まれてきた瞬間に母が思う「ありがとう」という気持ちと同じか、それ以上の意味が込められたもの**だったのだ。

その気持ちも知らず、一瞬にして切って捨てた夫の言動が許せなかったんだろう。

中高一貫校でお弁当を作り続けた母が、高3最後のお弁当に「6年間、残さず食べてくれてありがとう」というメッセージを入れ込むケースは多いが、母というのは、そういうものなのだ。

ある中高一貫校の卒業式で答辞を任された子が、長い答辞のラストにこう述べた。

「保護者の方におかれましては、毎日のお弁当作り、大変だったこととお察し申し上げます。毎日、毎日、本当にありがとうございました」と語った後に、彼は保護者席の方に向き直り、大きな声で会場全体にこう言った。

「母さん、ありがとう。弁当、うまかったよ」

参列していた母たちは号泣した。

母と子はこういう日常の小さなやり取りを積み重ねて、やがてわが子を巣立たせる。

塾の中には、塾の最終日に先生方や保護者で作る「激励メッセージ」を受験生本人に渡すところがあるが、こういう何気ないような気配りが実は大きな力になったりするのである。

父親の中には、こういう形式ばったものに意味を見出せない御仁もおられるかもしれない。

しかし、**人生には「儀式」が必要**なのだ。

合格でも不合格でもないときだからこそ、丸ごとそのままのわが子を認めて褒めることの重要性を、父親は深く考えないといけない。

最後に、私が大爆笑した傑作エピソードを紹介したい。

偏差値64校に通う中2(♂)の母

行列に並ぶのが何より嫌いな主人。合格祈願のために大晦日から鎌倉に泊まり、初日の出を拝み、神社に初詣に行きました。

学問の神様で有名なその神社は駅からバスに乗るのですが、駅から大混雑。

初日の出の混雑ぶりで、既に機嫌の悪い主人にハラハラしながらも、バスを降りると参拝の列はバス停まで続いていました。

1時間並んで行列が半分くらい進んだとき、主人が**「こんなことしたって、落ちるときは落ちるんだよ！　神様なんかいないんだから！」**と言ってしまいました。

え――!?

周りはすべて受験生でしょう？　あなたはわざわざ、神様に悪口を言いにきたの？

参拝時には「悪口を言ったのは主人ひとりです。バチは主人ひとりに当ててください。息子と娘と私はお見逃しください！」と必死にお願いしました。

……その夏、**主人は骨折しました**。

神様は私の願いを聞いてくださったのかしらｗｗｗ。

神様、うん、いるね（笑）。

「無神経おやぢ」に対抗するための処方せん

「あなたの発言はパワハラであり、良い結果を招かない」と小出しに伝えるのが得策であるが、対応を間違えると余計意固地になり更にパワーアップしてくれちゃうので、プライドを傷つけないよう、慎重に進言したい。

大手進学塾の先生が教えてくれた
『中学受験ちょっといい話』　その2

コラム❷

2つ目の中学受験ちょっといい話。

私にとって忘れられないシーンがあります。ある年、私は女子学院中学の合格発表を見にいっておりました。そのとき私の目にある一家の姿が映りました。

娘さんがお父さんに「ありがとう」と言ったのが聞こえました。お父さんは右手を出して、その娘さんとガッチリ握手をしたんです。お父さんも娘さんも泣いています。そばにいるお母さんも泣いています。私は「ああ、合格したんだな。よかったな」って気持ちで、その3人の横を通り過ぎようとしました。するとその瞬間、父親のこんな声が聞こえてきたんです。

「仕方ない。明日、頑張ろう！」

受かってなかったんです。でも、娘さんはお父さんにお礼を言ったんですね。

お父さんのサポートに対してなのか、あるいは受験費用を出してくれたお礼の気持ちなのか、なぜだかは分かりませんが、とにかく自分の番号がないと確認した段階で父親にお礼を言ったわけです。お父さんとしては娘さんを思い切り抱きしめたかったでしょうに、そういうわけにもいかず、代わりに握手をしたんだと思います。父親として込み上げてくるものを押さえ切れなかったんじゃないでしょうか。

「いい受験」というのは人それぞれ違うとは思いますが、私はこう思っているんです。子どもが「ありがとう」と言える受験。

結果のいかんにかかわらず、子どもからお礼を言ってもらえる受験こそが、最高の受験なんだと思います。

父親道

3

100人のお母さんに聞いた

子どもの
ヤル気を引き出す
「神オヤジ」たち

気分転換の達人オヤジ

子どもにリフレッシュさせる役割は、母親よりも父親の方が適任

中学受験は子どもに勉強ばかりをさせているイメージがあるかと思うが、実際はそうとも限らない。まあ、受験しない子どもと比べてしまうと、その質と量には開きがあるのは否めないのであるが、実は**「勉強漬け」になってしまった子の方が、入学後の結果が思わしくない**。

数々のご家庭の「中学受験のその後」を観察していると、例え中学受験に成功しようとも、後伸びという意味でふるわないケースが多発しているからだ。

逆に、特に父親が上手に子どものガス抜きを行っている場合、中学受験は「楽しかった」という思いと自分で掴んだ「合格の切符」を胸に晴れて中学生になっており、更に言えば、中学・高校でもメリハリを付けた生活をごく自然にやれているように感じている。

特に、この**「子どもにリフレッシュしてもらう」という役割は、母親よりも父親の方がはるかにうまい**ように思う。

やはり父親は仕事人とはいえ、多くの父親のこころの中には「少年」が存在しており、「遊ぶときには真剣に遊ぶ!」ということを実践できているからではないだろうか。

これは超現実路線を生きている女親には、分かってはいてもなかなかできない技なので、夫が子どもの息抜きを担当してくれるだけでも妻は拍手喝采である。

偏差値69校を志望する小6(♂)の母

6年の夏期講習は毎週日曜のみが休みで、その日も数時間は勉強しないと宿題が終わらないようなハードスケジュールでした。当然、旅行など行ける余裕もなく、放っておくと一日中家にこもってダラダラと過ごしてしまい、結果リフレッシュもできず、勉強もはかどらず……という休日になってしまったと思うのですが、夫が半日程度で行ける郊外の公園や野球観戦などに連れて行ってくれました。

おかげでリフレッシュできて、勉強も短時間で集中してやれました。理想的な休日の過ごし方ができたことに感謝しています。

人間はやはり〝飴と鞭〟の両方が必要で、適度な比率が努力を後押しするのだなぁという感想を持っている。

偏差値60校に通う中1(♀)の母

主人は、よく娘の気分転換に付き合ってくれていました。自宅にいるときは体操をしたりゲームをしたり、塾のお迎えのときには、帰り道でいろいろとおしゃべりをしていたみたいです。娘もリフレッシュできたって喜んでいました。

こういう声は本当に多く、母親も子どもも、父親にこれを求めているんだなぁと実感した。もうひとつ、最大級の「気分転換」をご紹介しよう。

偏差値53校を志望する小6(♂)の母

主人は6年夏までは息子と喧嘩に発展しながらも、算数を教えていましたが、息子から「もうパパとはやりたくない。一緒にやるならもうやらない！」と頑《かたく》なに拒否されて、すべてを家庭教師に一任することにしました。

主人は「俺は息子と喧嘩したくないから怒らないようにする。見守る」と言って、息子のお弁当作りと塾のお迎えを宣言したんです。もちろん仕事も通常勤務です。

お弁当は冷凍物を一切使わない、すべて手作りの愛情弁当。

中華丼と卵スープ、チーズハンバーグとオムライスとオニオングラタンスープ、チキンカツとカレーピラフとスープなどなどです。

すべてその日の朝に一から手作りの凝りようでしたし、必ずスープも作っていました。私だったら、冷凍物を入れてしまうところ「自分ができることをしたい」と言って、時間をかけて愛情弁当を作っているのです。

1月になった今、「あと3回、何を作ろうかな?」と主人は名残惜しそうにしています。息子も主人のお弁当が大好きで、塾でも「すげー!」と友だちから褒められたと、嬉しそうに言っていました。

難点は愛情たっぷりお腹いっぱいで、食後、授業中に眠くなってしまったことですが、息子にはきっと父親の愛情は伝わっていると思います。


世の中にはすごいお父さんもいるものだと思う。気分転換のやり方もいろいろであるが、そのひとつひとつが「お父さんのわが子への愛情」なのだろう。

最後に、私が忙しいお父さんに毎日でも実行していただきたいと願う、究極の「愛情表現」を記しておく。

偏差値57校を志望する小6(♀)の母

食事時や勉強の合間、夫が発するくだらないジョークに、子どもも私も呆れながらも癒されています。

……オヤジギャグ。受験家庭のギスギス感を和ませる意味でも、是非、推奨したい。

自分の失敗体験語《かた》り部《べ》オヤジ

子どもに安心感を抱かせることは親が思う以上に重要

お父さんという「職業」はなかなかに難しく、特に子どもとの距離感では悩む人も多いのではないかと思う。

今のお父さん世代が育ってきた背景と今の子育て風景は全く違うので、自分の経験が当てにならず、どのようにわが子と接すればいいのか迷っている人が多いのが実情だろう。

特に**「10年後には今ある職業の半分はない」**（2014年秋に発表された、オックスフォード大学のオズボーン准教授らの『雇用の未来　コンピューター化によって仕事は失われるのか』という論文を参照）という未来予想図が出ている今、

「どういう価値基準で」

「何を優先順位にして」

「どういう指針をわが子に与えればいいのか」

を考えて行動しなければならない「子育て環境」においては、ますますその「子育て」が迷走しがちだ。

私が、この15年余りの間、さまざまなご家庭の子育てを傍観してきた中、ひとつ強烈に思うのは**「お父さんの存在を近くに感じられるご家庭には、問題が少ない」**ということだ。

この場合、物理的距離はあまり関係ない。

体が遠く離れていたとしても、「ここぞ！」のときに「生身のお父さん」を感じることができた子どもは幸せだと思っている。

偏差値68校を志望する小6(♂)の母

第一志望校は息子が熱望している学校です。

最後の模試で、合格判定が振るわないことに落ち込む息子に対して、夫は自分が大学受験のときにD判定が多かったことや、得意の数学で9点しか取れなかったことなどを話して、第一志望校をあきらめることはないと励ましてくれました。

息子は夫のその言葉に勇気付けられたようです。


小学生の子どもにとって大人の男と実感できる存在は、
・父親
・学校や塾の先生
・おまわりさん

・近所の八百屋さん
・駅員さん
くらいしかいない。

モデルケースが5パターンくらいしかないのだ。

それ故、子どもにとっては生活の基盤を作っている父親が「絶対的存在」になりやすく、ややもすれば大きくて遠い、手の届かない人間に思えてくるのである。

つまり、勉強に関しても〝完璧〟であって、「その人物が、苦悩に満ちた青春時代を過ごしてきた」とは想像できにくくなっている。

その偉い人物（父親）にも「失敗体験」があったの？　もしあったのなら、自分が失敗しても当たり前なんだ！

このように、**子ども自身が安心できるということは、親が思う以上に重要なこと**なのだ。

ある年の1月半ば、つまり本番2週間前に塾をズル休みして、放浪の旅に出かけた男の子がいた。一時、行方不明という扱いになったため、周囲は騒然となったが、母は号泣後、怒り狂っていた。

そのときに、普段は全くの無関心とも言える態度を取っていた父親が、その子どもにこう言ったという。

「パパにも昔、そういうことがあった。受験をやめたいってことではなく、電車に乗っていたら降りる駅を過ぎてしまって、そのまま乗り越しちゃったんだ。受験のときはいろんなことが起きるんだよ。でも、それもこれも、みんな経験になる。無駄じゃないってことだ」

「オマエが受験をするでも、やめるでもパパはどっちでもいい。オマエの人生はオマエが自分で決めろ」

そう言われた子どもは2週間で驚くべき成長を遂げ、塾の先生を「アッ」と言わせた。

彼(現在高校3年生)に聞くと、今でも、その父親の言葉は胸に刺さっているらしい。

現在の就活面接でマストとして聞かれる項目に、「君の失敗体験はどういうことで、それをどう乗り越えたか?」というものがある。

〝打たれ強さ〟というものを測っているのだろう。

社会の荒波にもまれている父親こそが自らの失敗体験を語り、**「失敗してもいいのだ。むしろ失敗した方がいいのだ」**とわが子に教えることは子どもへのギフトなのだ。

偏差値59校を志望する小6(♂)の母

「パパも最初はできが悪かったんだから、本気でやればできるはずだよ」と言った夫の言葉に感動しました。

何でもそうだが、中学受験も「やるなら親も(キレイごと抜きの)本気でね」と私は思う。

母子バトル仲裁オヤジ

後方で裏方に徹し、妻と子を見守り支え続ける

「受験あるある」なんだが、母親は24時間体制で子どもを見張りながら、怒る生命体であるが故、受験でちょいと小賢しくなったわが子に言い返されると、壮絶なバトルに発展することが非常にしばしば見受けられる。

そこで、下手に父親が参戦してくると、今度はお決まりの夫婦喧嘩勃発で、もう勉強どころではなくなるのも「お約束」である。

しかしだ。この母子バトルのタイミングで、男親が「公平なジャッジ」を下すことができたのなら、父親&夫としての株は急上昇間違いなしなのだ。

偏差値58校に通う中1(♀)の母

私が、勉強しない娘に「そんなに勉強が嫌なら受験なんか辞めちゃいなさい!」と言い、娘は「お母さんなんか、自分が勉強できないくせにっ!」と喧嘩になると、夫がレフリーになって調停してくれていました。

夫は妻側に付くこともなく、娘側に付くこともなく、あるときは妻の味方、あるときは娘の味方と、公平なジャッジ采配をしてくれたのが良かったと思います。

男たる者、いかなるときも感情に流されず、冷静さを保ち、正しい判断を下すということが、一種憧れの姿かと思われるが、これが中学受験時代に夫から漂ってきたら、妻は惚れ直す。

偏差値61校に通う中1(♂)の母

夫は上手に私と息子をフォローしてくれたと思います。夫は多忙で、基本的に受験にはノータッチでしたが、私の愚痴はたくさん聞いてくれて、息子の成績が上がらなくても、どんなときでも私のことも息子のことも否定しませんでした。

夫は見守る、サポートする立場に徹してくれて、**副キャプテン的な役割をしてくれた**と思います。

キャプテン(ママ)の言うことは絶対で、それをこっそりフォローしたり、逆にそれに付いていけない部員(息子)をまた、こっそりフォローしていて、キャプテンが苦手な細かいことを全部やってくれました。

一時は冷静さを失い、息子にすごい暴言を吐いていた私です。それはそれは、すごかったです。そんな私を見て「まあまあ、そっか、そっか。ママは悪くないし、息子君も悪くないよ。大丈夫だよ」とある意味無責任な、そんな存在だったかもしれません。

全面的に私に全部任せている、そんな立場に少しイラ立ちも感じましたが、しっかりと役割分担したことが良かったと思います。


大変羨ましいお話で、聞いているだけでうんざりしてくるが（ほれ、不仲な夫婦の話しか興味ないから、私（笑））、こういう「公平な」夫も高確率で存在するんだなって思いに至った。もう、お一方、夫婦お仲良しで面白くない話をしよう。

偏差値64校に通う中2（♂）の母

主人は細かいことは一切言わず、息子に対しては、良い点を取ったときに褒め、悪いときには何も聞かないというスタンス。

私と息子がバトルになったら、「お母さんの気持ちは分かるだろう？」と息子をやさしく諭しつつ、私には「リラックス、リラックス」と言い続けてくれました。

最前線で戦う息子、その後ろでギャーギャー騒ぐ私を、**主人が後方で裏方に徹し、支え続けてくれたからこその合格**であったと感謝しています。

息子の受験を決めたとき、私は主人を切り札にしようと思いました。子どもにとっての〝最後の切り札〟にです。何の根拠もありませんが、普段から「お父さんが大丈夫と言うことは、絶対に大丈夫なんだよ」とか、「普段はダラダラしてるけど本当はすごい人なの。だからウチは大切なことは、お父さんが全部決めるんだよ」と言い、父親は本当はすごい！　みたいな雰囲気を作りました。

そして本当に困ったときは、主人に息子と話してもらいました。まあ、ほとんど一言でしたが、それがまた効果的だったんでしょう。

入試前日も「あなたはお父さんの子だから本番に強い！」と息子に言ったら（もちろん、何の根拠もないです）、息子はとても嬉しそうな顔をしていました。

そして主人は、息子や私、家で待っている娘、家族一人ひとりが精一杯頑張っていることを認めてくれる人でした。主人のおかげでわが家は良い受験になりました。

ここまで読んで、「あらま～、つまんない話だこと！　ホントに良くできたご主人でうらやましいわ！　プン」とお怒りのあなた、まだ続きがあります。

でも、それって今だから言えることで、当時は自分のお手柄だと思っていましたし、**夫婦のことはまた別のお話です！**

そうこなくっちゃね（笑）。

父能研まっとうオヤジ

目標に向かって一緒に机を並べたという経験は、父子の絆を更に深くする

P51でも触れたように、父能研は非常に危険である。しかし、もし怒ることを決してせず、呆れるしぐさも一切見せず、辛抱強くわが子に向き合うことができるのならば、「パパが勉強の面倒をみてくれた」という事実は、永遠にその子のこころに良質なイメージとして残ることだろう。

偏差値63校に通う中1(♂)の母

算数は夫の担当でした。

息子が毎日やる1行問題や、塾から「これはやった方が良い」と言われていた問題（息子の弱点分野の良問を出すある学校の過去問。志望校ではなかったので、データベースで探すところから夫の担当）をただ黙々と丸付けしたり、間違ったところは自分も一緒に解いたりしていました。

言葉ではない夫のその姿勢に、子どもも親の本気を感じてくれたと思います。

偏差値64校に通う中3（♂）&49校に通う中1（♀）の母

塾の宿題の分からない問題はすべて主人が教えてくれていたので、とても助かりました。特に算数や理科は子どもと一緒に考えていて、それでも分からない問題があると、子どもが寝た後に考えてくれて、更に朝には解答を分かりやすく紙に記入してくれていました。主人の「子どもたちのために勉強（宿題を解いてくれる）に取り組む姿」を間近に感じた子どもたちは、素直に感謝・尊敬していました。

偏差値42校を志望する小6（♂）の母

6年の冬休みに家庭教師とトラブルがあってクビにしてしまい、仕方なくテキストを見ながら私が勉強を教えていたら、最上位校の中学受験の経験があり、学生時代にも中学受験の塾講師をしていた経験もあった夫が、受験当日まで毎日定時に帰ってきて、息子の家庭教師をしてくれることになりました。

ずっと激務で午前様だったのが、1カ月もの間、毎日定時に帰ってくるというのは結婚してから初めてのことで、大感謝です。

偏差値37校に通う中1（♂）の母

算数と理科はよくみてくれました。特に6年夏の夏期講習での膨大な宿題は、とても息子ひとりでは解けなかったため、一緒に説明しながら教えてくれていたことに感謝しています。

……………

以上、ほんの一部をご紹介したが、この「感謝されたお父さん」には4つの共通点がある。

1. お父さんは、決して上から目線ではなく子どもと一緒に問題に取り組んでいる。

2. お父さんは、中学受験の問題が相当高度に練り上げられていることに気が付いており、わが子をバカにするどころか「こんな良問に日々取り組んでいるのか⁉」という驚きと共に、受験勉強を続けるわが子を誇らしく思っている。

3. お父さんは、わが子が目の前で知力を得た瞬間を見ており、わが子の日々の成長に充実感を感じている。

4. お父さんは、自分が淡々とリードすることによって、家族が一丸となっているとの感触を得ている。

正直、昼間の激務をこなしてから、子どもの勉強の面倒をみるのは本当に大変なことだ。しかも出題は「これが小学生レベルなんだろうか？」というものばかりだ。お父さん方も相当苦戦することになると思う。

Ｐ57の「処方せん」でも述べたが、アンケートの中には、あまりにわが子に対して小言を言い続ける夫を黙らせるために、子どもが眠った後に、夫に御三家の過去問をやらせた妻がいた。その夫の結果はなんと０点だったため、以降何も言わなくなって「妻の大勝利！」って話だったのだが、もし父能研をやるのならば、その時間帯は子どもと一緒に問題と格闘してもらいたいのだ。

中学受験の試験問題は、各校が威信をかけて出してくるラブレターである。「本校はこのような教育を目指し、このような子を育てる。よって、このような子どもに来てもらいたい」ということを明確に物語っている。

もし、そのメッセージをダイレクトに感じることができたのならば、「中学受験というチャンスを生かして勉強できる」という時間を、わが子にプレゼントしていることに、きっと幸せを感じるはずだ。

子どもは「親に徹底的に構われた」という時期を経て、子ども自身の力で生きていくべく親離れをしていく。**中学受験は子どもを構うことのできる、最後の機会**なのだ。

目標に向かって一緒に机を並べたという経験は、父子の絆を更に深めていくだろう。

大手進学塾の先生が教えてくれた
『中学受験ちょっといい話』 その3

コラム❸

最後のお話はお母さんへのお願い。

塾は、不合格だからこそ「残念だったね」で放り出してはいけないって思います。

不合格という結果であればあるほど、その家庭に近付いていかないといけません。我々にできる最良のアドバイスをするべきだって強く思います。

もし、これから受験をされるご家庭で、受験本番中に思うようにならない場合、お母さんには2つお願いがあるんです。

まず、「これまで頑張ってきた子どもを信じてあげて欲しい」っていうことが1つ。

そしてもう1つは、「たとえどんな状況になってしまっても、お母さん自身がマイナスのオーラを醸し出さないで欲しい」ってことなんです。

とても難しいことなんですが、できたら落ちたと分かった瞬間に子どもの好物を食卓に並べて欲しいんです。

好物の唐揚げを食べただけで立ち直る子はたくさんいるんですよ。

1日の武蔵中学がボロボロだった子が2日の巣鴨中学に受かったんですが、2日の入試本番では前日までのダメージが嘘のように消えていたんですね。

「オマエ、よく立ち直ったなぁ?」って声をかけたら、その子が「うん、スパゲティのおかげ!」って答えたんで、思わず笑っちゃったんですが、そういうことって確かにあるんです。

お母さんにしかできない方法で、ぜひ子どもに「ありがとう」って思わせるような受験をして欲しいと思います。

父親道

4

100人のお母さんに聞いた

お母さんが感謝する夫のGJ《グッジョブ》行動

File 1 夫の感謝する妻が行動

妻たちが最も感謝した行動は、夫が塾のお迎えをしてくれたこと

「少子化担当大臣は私にやらせろや！」と息巻いている私だが、今回のアンケートで「やっぱりなぁ」って感じることがある。

日本の男が社畜過ぎるのだ。あるいは帰宅拒否症のどっちかだ。妻たちは思っている。

あまりにダンナが多忙なので、受験に対する協力をお願いするなんて「無理！　不可能！　絶望！」の3拍子だと。

お父さんが早く帰ってくるだけでも、受験だけではないさまざまな問題が解決するんじゃないかと思うんだが、この「長時間労働当然主義」を改めて欲しいと願うのは、私だけではないだろう。

何を隠そうアンケートの中で、妻たちから一番多くの〝感謝〟を集めた夫の行動は、**「夫が塾のお迎えをしてくれた」**なのだ。

偏差値60校を志望する小6(♂)の母

私も仕事をしているので、夫が塾の送り迎えをしてくれたのは助かりました。

志望校未定の小6(♂)の母

車の運転のできない私の代わりに、少々遠い子どもの塾のお迎えをできるだけやってくれていることです。

そのために始発の電車に乗って出社し、夜はなるべく早く職場を出られるように頑張ってくれているので、本当にありがたいです。

お父さん、グッジョブ！　やればできるし、奇跡も起こる。

偏差値63校に通う中1(♂)の母

塾の終了時間である21時15分に間に合うように、会社から帰ってきてくれたんです。ええ、週3日です。帰るや否や、車で最寄り駅まで迎えに行ってくれました。

今は仕事で午前様になることも多いので、あんなことができたのは奇跡だと言っています。ちょうど仕事が落ち着いたときに、受験期にぶつかるという奇跡でした。

もし「羨ましいけど、ウチは無理だなぁ……」と何も言わずに諦めている妻がいるならば、一度、思い切って切り出してみるといい。

偏差値63校に通う中2(♀)の母

6年生の後半は授業数も週5に増え、終わる時間も23時近くになる日もあり、時期的にも追い込まれ、疲れて、私もだんだんお迎えがしんどくなってきました。

主人にそれを話したら、主人が早く帰宅した日は娘のお迎えをしてくれるようになり、とても助かりました。

『察しない男 説明しない女』（ディスカヴァー・トゥエンティワン）の著者、五百田達成さんではないが、世の中は「察しない男と説明しない女」で構成されている。

「どうして分かってくれないの？」⇔「言ってくれなきゃ分かんないよ！」の中で繰り広げられているのだから、取り敢えず、**妻は「お願い」してみるに限る**のだ。何か突破口が開けるかもしれない。

偏差値64校に通う中2(♂)の母

夫は私が頼んだこと（塾の送り迎え、留守番、下の子の子守り）は、すべて引き受けてくれました。大感謝です。

お願いすれば、引き受けてくれるケースも多いのだ。

更に上級者になると塾の面談に行ってくれるようになる。

偏差値63校を志望する小6（♂）の母

私が模試の成績やクラス位置などで落ち込んで、落ち込んで、あまりに顔に出ていたんでしょう。塾の説明会や面談にも一切行ったことのない主人が、「何だったら塾に子どもの様子を聞きに行くよ」と言ってくれました。ちょうど面談時期だったので、初めて夫婦揃って塾に出かけました。

塾の室長はとても辛口で、それまでウチの子を褒めたことは一度もなかったのですが、主人には子どものことを褒めるし、「せっかくお父様がいらしたので、特別に皆さんよりも先に個別指導の枠を取りましょう」って言うんです。

主人は冷静に話すので、普段はおしゃべりな私も用件以外は黙って、主人を立てていたことが良かったんでしょうか。受験には非協力的な主人でしたが、この件では殊勲賞をあげたいです。しかし、塾の先生も母には強気なのに、強面の父親には弱いんですかね？

塾もそうだが、学校も「ここぞ！」のときはダンナ連れで行くことを私はお勧めしている。やはり男親は最後の砦、先生方もむげにはできないという意識が働くのだ。使わない手はないだろう。

冷静で、しかもブレないこのスタンスが妻の不安な気持ちをやわらげる

中学受験に妻のパニックは付き物だ。トンカツにキャベツ、サンマに大根おろし、生ハムにメロンくらいのお約束である。避けられない。

そのパニックの原因は「不安感」である。

・なぜに子どもの成績が伸びないのか？
・この方法で合っているのか？
・ヤル気スイッチはどこにあるのか？
・こんな調子で受かる学校があるのか？
・なぜ、自分はこんなに怒鳴っているのか？
・自分のメンタルがおかしくなっているのではないのか？
・そもそも、中学受験は必要だったのか？
・子どもにこんな生活をさせて大丈夫なのか？
・これは間違っている子育てではないのか？
・これがわが子の幸せにつながるのか？

これらの思いと共に、散々な試験結果は毎週のように返却され、塾の宿題はたまり、隣の子の出来はいいのに、わが子は低空飛行気味……。なのに、勉強なんてしやしない（怒）。パニクって当然である。

こういうときに夫の器が試されるのであるが、このときに夫が冷静でいてくれて、しかもブレない父親というスタンスを崩さずにいてくれると、妻の不安感は多少軽減され、夫への評価は急上昇となる。

偏差値58校に通う中2（♂）の母

塾での土曜日のテスト。公開模試……。

毎回の結果に一喜一憂して、息子に言葉かけをする私。

できないと息子に「もう、なんでこんなのもできなかったの？　ミスしたの？」と延々と感情的に愚痴ってしまいました。

でも、主人は一貫して「テストはできない部分を分からせてくれるもの。とにかく復習して、できるようになればいい」の一言のみでした。

私が更にギャーギャー言っていると、主人は息子に「復習しよう」と促してくれていました。倍率に対しても「倍率は関係ない。できた子が受かる」と淡々と言い、いつも冷静に言葉かけをしてくれたことに、私も息子も救われたと思います。

妻はこういう夫を待っているのだ。
妻と一緒になってギャーギャー言う夫に良いことはひとつもない。

大学付属校に通う中2(♂)の母

私が勝手な親で、じっくり勉強をみるとか、じっくり付き合うということが苦手なので、父親にはそのフォローをして欲しかったです。

母である私が感情的にキーキー喚《わめ》くときこそ、どっしりと息子を包んで欲しかったのですが、私が〝キー〟となると、なぜか一緒に〝キー〟となってしまい、何度も「この家には母親はふたりもいらねぇ！」と思ったものです。父親は「お金は黙って出す」「いざというときビシッと構えて妻子を受け止める」が理想だと何度も思いました。

わが家はふたり揃って「口うるさい母親」になってしまい、息子がストレスなのか、帯《たい》状《じょう》疱疹《ほうしん》になってしまいました。5年のときは万引きもし、心身共に参っていたんだろうなとつくづく思います。

女は感情的生き物であるところにもってきて、四六時中、わが子に目を光らせている状態になりかねないので、常軌を逸しやすいのだ。
こういうときにこそ、男親の出番なのである。

偏差値62校に通う中1(♀)の母

6年秋に子どもが壊れてしまったとき、夫も初めて一緒に塾に行き、5者面談をしました。そこで、これからのことを話しましたが、途中で娘と私が迷ってしまって、決定したことをくつがえしそうになりました。

そのとき、止めてくれたのが夫です。冷静だったのは夫だけでした。

もし、夫が「ここぞ！」の場面で冷静な判断をしてくれたなら、その妻は「一生、この人に付いて行こう」と再確認をする。

ある年の2月5日、まさかの全落ちで迎えた最後の入試日。20名定員に200名が押しかける中、ある子は鼻血を出し、ある子は泣きじゃくりという待合室風景だったらしい。あまりの光景に妻が号泣しながら夫にこう言った。

「私がちゃんとできなかったから、あの子をこんな目に遭わせてしまって……。受験しなきゃよかった……」

夫はこう返したという。

「この経験はあの子にも僕らにも決して無駄にはならない。君には本当に感謝しているよ」

受験は夫婦のこの先を占う試金石にもなるのである。そう考えると恐ろしい。

母の身はひとつ あおりを食らった兄弟・姉妹の面倒をみる

「夫に最も感謝したこと」として、意外にも上位にランキングされたのが、**受験生ではない子ども（兄弟・姉妹）へのフォロー**である。

家族に受験生が登場すると、その家庭内ピリピリ感はＭＡＸになるんだが、ここであおりを食らうのが受験生ではないその兄弟や姉妹たちなのだ。

やはり、母としてはそちらの存在も気になるところ。しかし悲しいかな、わが身はひとつで、そんなにあれもこれもはできやしない。

どうしても受験生中心の暮らしになることは否めず、心苦しいったらないのである。

母には受験生に勉強させるために、環境を整える分刻みのスケジュールがあるのだ。

私にも経験がある。

息子が小学6年生のときに娘は小学2年生だった。

息子の塾の送り迎えのときには娘をひとりにはさせられず、娘に午後4時には遊びを切り上げて帰ってくることを強要した。

当然、自宅に友だちを呼ぶことも禁止。

兄が自宅学習をしているときは静かに遊ぶ（兄の気が散るのでテレビもゲーム類も禁止）。娘には兄の受験は関係ないのに、さまざまな制約があったのだ。

もちろん「怒りの導火線」が極短だった私はいつもイライラしていて、娘の相手をしてあげた記憶がない。

娘は3年生の頃から、彼女の強い希望で中学受験塾に通っていたのだが（とは言っても「いるか組」という名の遊び主体のもの）、今思えば、塾に行って「受験」というものをすれば、**兄のように母に強烈に構ってもらえるという期待の裏返し**だったように感じる。

母にあんなに怒鳴られている兄を見ていても、存在がないかのように扱われるよりはマシだったんだろうなと思うと、今でもこころがチクチクする。

中学受験は子どもの年齢が低いうちからの準備が必要なので、もっと小さな弟や妹が置き去りにされる感は強く、さまざまな弊害がないとはいえない世界だ。

そういう母の後ろめたさという背景がある中で、「お父さん」という存在が活躍できる場があるのだ。

妻はこう思っている。

「お願い！　あなたは受験のアレコレは一切しなくていいから、他の兄弟の面倒をみてちょうだい！」

これだけで妻は本当にありがたいと感じるのだ。

偏差値61校に通う中1(♂)の母

夫に最も感謝したことですか？　あります。

ウチには下に小さな娘がいるんですが、土日は娘の面倒をパパがみてくれていました。そのおかげで私は息子と一緒に勉強をしたり、学校説明会に行けたりしました。

一番ありがたかったのは、私のリラックスタイムを作ってくれたことでした。そのおかげで私は友だちとのランチやエステやスポーツジムに行くことができたのですが、この数時間の息抜きがとても大事でした。夫には本当に感謝しています。

ほんの数時間でいいのだ。これで妻はまた元気にわが子のフォローに回れる。

もちろん、ケアしなければならないのは受験生より幼い弟や妹だけではない。上の兄や姉も「取り扱い注意！」のお年頃。この〝思春期野郎〟をほったらかしにはできないのだ。

偏差値57校を志望する小6(♀)の母

夫が、思春期の兄とよく会話をしてくれたのは助かりました。家族間がささくれがちだと、明らかに娘のテンションが下がるので、それは本当に助かりました。

やはり、「家族仲良く」というのは中学受験でも重大なキーワードなのだ。円満のカギは夫の献身にかかっている。

偏差値62校を志望する小6(♀)の母

夫に最も感謝したことは、兄弟の面倒をみてくれたことです。
特に下の子どもたちを連れて自分の実家に帰省してくれたことは本当に助かりました。
受験に集中できるし、ごはんも作らなくてよかったですから。

【教訓】
受験生家庭、
夫たる者、
他の兄弟・姉妹を連れて実家に帰省すべし。
嫁抜きに、
トメ(姑)は喜び、
嫁も助かる。
これ、すべて丸く収まる秘訣なり。

例え妻が我を忘れて教育費が巨額になっても金だけ出して口は出さない!

アンケートを取ってみて気付いたのは、わが子の中学受験に関しては「父親＝無関心」という答えが多かったことだ。

これが妻の怒りを倍増させるケースと、「ま、いっか」で流してもらえるケースがあるんだが、**その分かれ道はズバリ「金」**である。

妻が「兵糧攻めにあった!」と認識すれば、恨みを買い、生涯にわたって夫は妻からの愛を得られない(女は執念深い生き物ということを忘れてはいけない)。

逆に「夫は何もしてくれなかったけど、金だけは惜しまずに出してくれた」と認識されれば、「まあ、出す物出したんだし、ありがたかった」という評価につながっている。

「地獄の沙汰も金次第」というところだろうか……。

偏差値52校に通う中1(♂)の母

夫は「無関心派」でした。

お金は出すけど口は出さないので、成績が落ちても上がっても何も言いませんでした。

志望校については私も決めかねていたんですが、「僕にはよく分からないから」と言って、関わろうとはしませんでしたね。

でも結局、受験に必要とあらば塾・家庭教師・勉強部屋などの金銭面ではすべて協力的でした。これは、やはり感謝すべきことだと思っています。


思い返せば、わが家の夫もこのタイプに近かったかもしれない。

つまり、妻に対してこう言うのだ。

「アンタほどの人がいるのに、俺さまごときが学校（塾）に関して物を言うなんて、とても、とても〜（全力で逃亡）」

つまり、子育てに関するあらゆることがめんどくさいので、妻に丸投げし、金だけ置いて（これをしないと何が飛んでくるか分からないから）、全速力逃亡を図るのだ。

もし、あなたの夫がわが家の夫のようなタイプであったのならば、妻は「さいざんすか⁉」それでは、お言葉に甘え好きにやらせていただきます！」宣言をして、本当に好きにやっちゃった方が、結果的には楽である。

偏差値64校を志望する小6(♂)の母

ウチの夫はいわゆる「金は出すけど口は出さない」タイプ。

過剰な期待がない分、息子と母とで志望校や塾の話などがスムースに進んで良かったと思います。もし横やりが入ったら、かなりキレていたはずです（私が）。

こんな「金は出すけど、口は出さない」夫ですけど、そもそも子どもに中学受験をさせたいって言い出したのは夫なんですけどね……。

多分であるが、多分、このダンナさま、「子どもに中学受験させたい」って言ってはみたものの、ものすごくめんどくさくなっちゃって、リタイアしたんだろうなぁって想像する。

父親だけではなく、母親からしても中学受験は相当手がかかり、めんどくさいものであるのだが、母親は子どもが赤ん坊の頃から、めんどくさくてもやらざるを得ないことの積み重ねでここまで来ているので、逆に手を抜けずしばしばパニック状態に陥る。

偏差値40校に通う中2（♂）の母

受験の後半、私はおかしくなっていました。6年の後半は「1点でも成績が上がるなら、何でも試す！」とばかりに完全に我を忘れていました。

怪しいコンサルサービスや教材にハマりかけても、ヤケクソで家庭教師にお金をつぎ込んでビックリ請求額になっても、主人は「やらないと後悔するもんね」と、黙ってお金を淡々と出してくれたことには本当に感謝しています。

正直に言うと「オマエ、冷静になれよ。こんなのインチキだよ！」と妻をたしなめるべきだったとは思いますが、当時の私にとっては、思うままにすがらせてもらったのは救いでした。

ハマる私と、見境ない私の行動を止められない主人……。

どちらも馬鹿丸出しですけど、大金を使う私を責めなかった、主人のこころの広さとゆとりに感謝です。

冷静であるときには考えられないようなことをしでかす――これが中学受験である。まだ教材費に大金が消えていく分には目をつむれるが、そのうちに母は占いやら、怪しい祈祷にまで走りがちになる。

最後は、**諭吉（壱万円）が野口（千円）に見えてくる**という病気を併発するだろう（これは大学受験まで延々と続く）。

こういう具合に妻がパニックに陥ったとしても、何も言わずに「金だけ出す」。

「男は遠くで黙って金を出す」

私はこのタイプ、最高に器がデカい、男の中の男として崇め奉っている。

コラム④

りんこの『鮭の産卵』

　ある夏の夜、ウチの息子が彼女を実家に連れてきたので「花の命は短くて選手権」を開催した。要は庭先で、息子と彼女と私とで線香花火大会をしたということだ。

　そのときに、私は彼女に向かってこういう話をした。

「たこ太（息子の名前）に昨日、ほうれん草とベーコンのパスタをチンしてやったら、嫌いなほうれん草を避けて食べるから、あなたの名前を出して『言い付ける！』って言ったのよ。そしたら、コイツが食べたんだよね、ほうれん草！（笑）」

　彼女はニコニコと笑いながら、息子に向かってこう言った。

「良し！」

　息子はそう言われて、犬のように首を縦に振りながら嬉しそうにしていた。私はそのふたりの姿を見て、こう思ったのだ。

「すごい！　彼女って一夜で母親を超えるんだ！」

　私が20年かかってもできなかったことを、彼女がやすやすと超えていったことに感動した。

「こうして次の世代に命がバトンタッチされていくんだなぁ……」と何だか不思議な気持ちがしたのだ。

　自分が古代から連綿と続く命の輪《りん》廻《ね》の中に入れた感じがした。もしかしたら、私はそのとき、産卵した鮭になったのかもしれない。必死に川を遡上して、もう体は擦り切れてボロボロだけれど、今、体を横たえ、次の命を産み落としたのかもしれない。

　そんな風に思えた夏の夜……。

　私はすごく幸せだった。

父親道 5

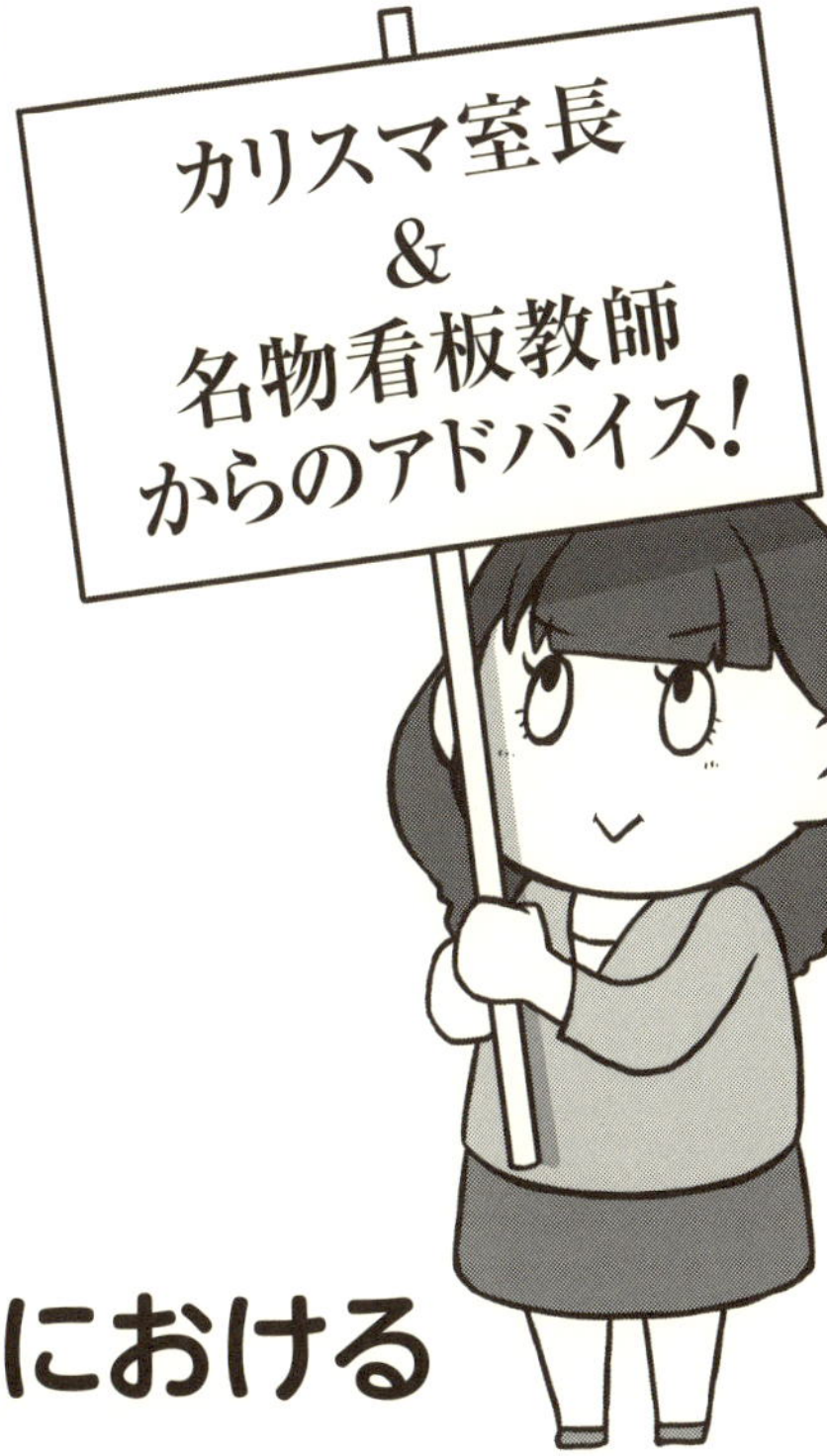
カリスマ室長
&
名物看板教師
からのアドバイス!

中学受験における「ダメおやぢ」と「神オヤジ」

Advice File 1

カリスマ室長に聞く！「父親の取るべきスタンス」

カリスマ室長が挙げる、ダメおやぢ六人衆

東京ガス都市生活研究所の２０１３年7月の調査によると、中学受験期の子を持つ親のうち「わが子に勉強を教えたい」と答えた数は８割を超えており、実際に勉強をみている母親は78・6％、父親は56・３％にも上る。

私が各有名塾の先生に聞きまくっても、保護者面談に父親が参加する率は３割を超えていて、10年前とは隔世の感がある（10年前以前は母の孤軍奮闘がデフォだったのよぉ〜）。

受験リテラシーが行き渡っている中、父親といえどもステレオタイプのド素人は少ないのが現状だが、塾の先生方は「父親の参加」をどう感じているのだろうか？　という関心の下、大手進学塾Ｎのカリスマ室長と呼ばれる先生に話を聞きに行った。

カリスマ室長（以下、カリスマ）は６タイプの「ダメおやぢ」を挙げてくれた。

1. 中途半端にかかわるおやぢ
2. 結果ばかりを追い求めるおやぢ
3. リセットおやぢ

4．塾を〝習い事〟と勘違いしているおやぢ
5．「青い鳥はどこにいる？」症候群のおやぢ
6．「豊臣秀吉」大好きおやぢ
それぞれ詳しく説明しよう。

1．中途半端にかかわるおやぢ

中途半端にかかわる父親は、P50でも取り上げているのだが、これが妻からだけでなく、塾からも忌み嫌われる一番の厄介者だ（塾は合格実績を上げたいのに、コイツの介入で胸算用が崩れるから）。

今まで関心を示さなかったのに、最終コーナーを回った辺りから、突然かつ積極的に介入を開始する父親を指す。

子どもの様子を知ろうともしなかったくせに、いきなり

「聞いてないぞ！」**（そりゃ、聞かれなかったからね）**

「どういうことだ？」**（見たままだよ）**

「こんな結果だったのか⁉」**（だから、早く気付けよ！）**

と壊れ出す。

壊れた分にはほっときゃいいんだが、このタイプの父親は暴走するからやっかいなのだ。「俺が最後まで面倒をみる！」宣言をして、最後の追い込み講習をも全キャンセルしてしまうめんどくさいヤツになる。

めんどくさいのが面倒をみても、めんどくささが増えるだけだ。

なぜダメかといえば、**今までのプロセス無視で、特攻することになりがちだから**だそうだ。急にヤル気になったおやぢは、「全部をやらせようとする」傾向に満ちるらしく、子どもの時間は限られているのに、邪魔なことこの上ないらしい。

中学受験の最後の肝は「いかに3割5分を捨てる勇気を持てるか！」なんだそうな。

つまり、合格するためには65％を正解すれば良い話。しかし、この手のおやぢは、**難問も含めて「完璧」に仕上げたくなる病気に罹患してしまう**らしいのだ。

中学受験は欲張りを嫌う。質問するのは基本問題が鉄則で、難問は子どもが暗記で解くことになりかねず、それは勉強ではないと塾は言い切る（知的好奇心の塊の出来過ぎ君は除外）。

「お父さん、介入するなら最初から」――これこそが、中学受験のイロハのイなのだ。

2．結果ばかりを追い求めるおやぢ

ブランド好き、あるいは肩書き好きなんだろう。「御三家以外は認めない」「第一志望校に落ちたら公立」という具合に、**わが子の頑張りとプロセスを一切無視できる特技を持つ**が、ほどなく「融通の利かない頑固者」との認定を塾から授けられることだろう。

これのどこが問題かと問えば、「プレッシャーで子どもがつぶされる」ということらしいが、塾は教育上の観点からも「非常によろしくない」と言っている。**長い目で見て、後伸びしないっ**てことなのだ。

こういうおやぢは、現状を知らず昔の知識で生きている。だから塾では、ブランド男には「名前が知られているが、現状、入りやすい学校」を耳元で囁いたりする作戦に出るんだそうだ。これで結構、懐柔されるという。先生も商売とはいえ大変だ。

3. リセットおやぢ

私が最も共鳴したのは、このおやぢである。ウチのダンナが目に浮かんだのだ。

カリスマによると、「男というものは〝リセット願望〟を持ちがち」だそうで、例えばこんなことが起こる。

家族で食事に出たとしよう。些細なことで子どもである兄弟同士が喧嘩になったときに、いきなり「帰るぞ！」とブチ切れて、何も食べさせずに本当に帰ってしまうタイプを指す。

塾のことでいえば、子どもはしばしば以下のことをやらかす。

「塾に行き渋る」

「塾の宿題をやらない」

この問題に対して、母親ならば〝なだめたり、すかしたり〟して何とか解決を目指すのだが、リセットおやぢは次の一言で決着をつけようとする。

「塾をやめちまえ！」

この「リセット攻撃」を炸裂させるのだ。

カリスマ曰く、父親はこういう心理状態なんだそうだ。
・「塾に行く前には揉め事はなかった」
⬆
・「やめれば揉めない」
⬆
・「（自分にとって）平安な日々が戻ってくる」
⬆
・「これですべて一件落着！」
ということで、塾さえやめれば、「塾に行き渋る」「塾の宿題をやらない」問題は解決したと思い込む。

だから、「ちょっとさぁ、あの子が宿題をしないのよぉ」とただ話を聞いて欲しかっただけの妻は、夫の「リセット攻撃」に驚いてしまうのだ。

「解決を求めていない母」と「強制解決を目指す父」……。

このふたりの間にはマリアナ海溝が横たわる。これでは受験というよりも、子育てそのものがうまくいくわけがない。

そして、このリセットおやぢの一番の問題点は、何事も「やめちまえ！」の一言で強制終了させてしまうがために、根本的な解決には至らないことにある。

例えば、前出の「塾に行き渋る」「塾の宿題をやらない」という問題に対しても、「塾をやめさせる」という形で解決を図ってしまっているので、「なぜ塾に行きたくないのか」「なぜ宿題をやろうとしないのか」という肝心な点については全く触れられていない。

これでは、単に問題解決を先送りにしただけに過ぎないのだ。

「問題が発覚したときに、きちんと問題と向き合って解決せずに先延ばしにしたりすると、将来はもっと悪化してしまいます」

カリスマがこのような恐ろしい予言をするので、私は震え上がってしまった。

4．塾を〝習い事〟と勘違いしているおやぢ

興味深い話をしよう。

塾にはちょいちょいこんなクレームを寄こす父親が出没するらしい。

・塾に通わせれば結果が出るはず

⬅

・結果が出ないのは塾の教え方が悪いから

⬅

・短期間で結果を出すのがプロ！

カリスマはこう言った。

「スイミングスクールに通っていれば、全員バタフライが出来るようになる……。塾もそれと同じだと考えている父親は困るんですよね。全員の級が上がっていくスイミングのイメージで、全員が御三家に入れると思い込むんですよ」

「中学受験は椅子取りゲームです。仲良く成績が上がることはないんです。テスト結果は絶対評価ではなく、相対評価。わが子が頑張った以上に周りが頑張れば、結果的に成績は上がりません」

「それよりもわが子の力をよく分かった上で、わが子が幸せになれるような良い学校を選ぼうと、父親もたまには学校見学に行く方がいい方向に道が拓けます」

聞いていて耳が痛かった。

何を隠そう、私自身がわが子の受験で（しかもふたり目なのに）、塾の先生に「なんで成績が上がらないんでしょう?」と相談したところ「それは、みんなも同じように必死に努力しているからです」と一蹴された経験があるのだ。

成績は気を抜けば落ちるが、上げるのは容易《たやす》くないという事実に絶望感が襲ってきたものだ。

しかし、このことは理解しておく必要がある。

5.「青い鳥はどこにいる?」症候群のおやぢ

「この塾に任せておいては(有名校に)合格できない」とばかりに塾を渡り歩くのが、このおやぢだ。

よくある渡り鳥コースが、

・実績推しの「サピックス」

⬅

・面倒はみるが厳しくはない「日能研」

⬅

・何でもやりまっせ「早稲田アカデミー」

なんだとか。

最後は6年生の6月辺りから暗躍してくる「個別」やら「プロ家庭教師」まで入って、まさにカオス。

私も忠告しておくが、**渡り鳥が受験後に大笑いしているケースをいまだ知らない。**

6.「豊臣秀吉」大好きおやぢ

カリスマはこう言った。

「男って逆転現象が好きなんですよ、豊臣秀吉のような立身出世物語がね。それを夢見て、わが子に力を入れて指導するお父さんが出たりしますね」

「〝偏差値40だったのに偏差値65になりました!〟〝こうやってわが家は難関中学に入ります!〟みたいなブログを書くお父さんもいますよね。まあ、更新頻度にもよりますが、個人的には『仕事とか、他にやることあんじゃないの?』とは思います(笑)」

「教え過ぎはダメなんですよ。できれば教えるのは4年生までにして欲しいんです。中学入試は大学入試とは違いますから。後は塾を信頼して任せていただきたいです」

では、こういうおやぢと結婚しちゃった妻は、どう向き合えばいいのだろう?

これにはさすがカリスマ、にっこり笑って**「(おやぢの)扱いに困ったら、塾にご相談を」**と言い切った。

カリスマは、「中学受験とは、お父様がご経験された高校受験や大学受験と全く違うものなのです」というロジックで父親の意識改革を迫るために、必ず次の3つの説明をするんだそうだ。

①受験までの準備期間が高校・大学入試に比べて非常に長い。

大学受験は1年間でも対応可能だが、中学受験は先行逃げ切りが主流。小学校での勉強が下地として機能していないため、6年生から受験勉強を始めても合格は難しい。

大学受験が縦に積み重ねるイメージならば、中学受験は横に広げるイメージなので、カリキュラムが1周するまでは、〝できた！〟というイメージの実感は持ちにくい。つまり準備期間が非常に長いため、なかなか成績の上昇が見込めない世界である。

②高校・大学受験は大人の受験論理で動く、中学受験は子どもの受験論理で動く。

「受験生本人がやらざるを得ないと思っている」から〝やる〟のが高校・大学受験で、「受験生本人が楽しいと思っている」から〝やる〟のが中学受験である。

③塾の受験勉強は習い事ではない。

ピアノの習い事なら全員がピアノを弾けるようになれるが、塾に通っても全員が御三家やブランド校に合格できるわけではない。

これら3つの視点でプロから論理的に指摘されると、さすがにおやぢには腑《ふ》に落ちるらしく成功率は高いと聞いた。

夫婦で戦うためには、ふたつの覚悟が必要

夫婦で中学受験を戦っていくためには、どのようなことが必要になるのか質問すると、カリスマは「ふたつの覚悟」を挙げてくれた。

ひとつが**「結果ではなく、プロセスが大事なんだという覚悟」**。

これを意識するだけでも、かなり良い結果が生まれるらしい。

そしてもうひとつは、**「親の本気を見せる覚悟」**。

この「親の本気」はとても大切なことだ。

ある家庭でテレビばかり見ている子がいたそうだ。

テレビを消すと暴れ、壁に穴が開くほどだったらしい。塾でも注意したそうだが、その子の自宅に行ってまでは指導できない。

外資系証券マンの父親は、そのときに「振り返ると全く子どもに構っていなかった」と猛省したそうだ。それでわが子に「合格したら、すごく良いテレビを買おう」と提案して、今のテレビを処分する。

そして、「新しいテレビを買うまで、週末はお父さんと遊ぼう」と言って、約束どおり週末は家族でボーリングに行ったり、キャッチボールをしたりしたそうだ。これで、親子関係が劇的に良くなったという。

親がやるべきは学校選択も含めた「環境作り」であると私も思うが、カリスマは「人間は弱い。環境を作るのは本当に大切なんです」と強調した。

「母親はこういう場合、子どもが可哀想になって『15分だけね』って言いがちですよね。でも、それでは逆に酷なんです。禁煙しようとしているのに『3本まではいいわよ』って言っているのと同じです。中毒性があるものはゼロにして、一気に断たないとダメなんです」

「逆に親が覚悟を決めたら、子どもも『本気だな、ウチの親』って思うんですね。『どうせ脅しだろう』と思って甘えていたのと同時に、どこかで『追い込んででも断ち切らせて欲しい』って気持ちもあるんだと思います。こういうケースは、そこから子どもも一生懸命勉強するようになりますね。親の覚悟、大事です」

夫婦で確認しておくべき4つのこと

最後に私はこれを聞いた。

「いい受験に向かって、夫婦で確認しておくべきことは何か？」と。

カリスマは次の4つを挙げた。

1．男親と女親、どちらが主導権を握るのかを決める
2．夫婦の役割分担を決める（塾の送迎、プリント管理、学校情報収集など）
3．夫婦喧嘩は「必ずある」と覚悟しておく
4．外野の情報に振り回されないという意識を持つ

中学受験は間違いなく家族の一大イベントになる。

このイベントを「楽しかった！」で終わらせるために、まずは夫婦でよく話し合い、次に塾を信頼し、わが子に関わる人物みんなでサポーターにならなければいけないってことだ。母は塾の先生方ももちろんなんだが、まずは一番近くの父親を味方に付けて頑張ろう。

カリスマは自信を持ってこう断言した。

「中学受験に向かって一致団結しているご家庭には、結果が付いてきます」

結果……。

欲しいよね～。

Advice

File 2

東京タワー麓《ふもと》学園、名物看板教師に聞く「良い男の作り方」

名物看板教師が挙げる、ダメおやぢ五人衆

「手を離して抱きしめる」でおなじみの大人気男子校の名物看板教師がいるんだが、大好きなので先生の御説を拝聴しにホイホイ学校に行ってみた。

創立100年を優に超えている学校でも、近年は「こころが弱い子が増えている」とかで先生方もビックリ仰天になることがあるらしい。

この学校、体育祭では特にチュー坊に「それを超えたら死ぬぞ」のラインを教えるっていうんだな。近年、加減が分からないヤツがうっかり入学してきちゃうからだそうだ。

クラスメートに「そこまで言う?」くらい攻撃するわ、しつこいわ、自分のことしか考えないわ、我先に被害者ぶるわで、想像力がないから他人の痛みが分からない。

そういう嘆かわしい育ちをしてきたヤツにもそっと寄り添い、黙って見ててやるって言うわけだ。それが「手を離して抱きしめる」ってことなんだが、本来は家庭でやるべきことであると私は思う。

この学校、名物看板教師（以下、名物）が校長をプライベートで「親父」と呼ぶ稀有さなん

だが、この校長を先頭に「カッコいい男を育てる」ことに心血を注いでいる（実に好ましい！）。

そのこころは？　と尋ねると、生徒が長じたときに「自分の家族を守れる男」「パパが一番と思われる男」を作るっていうんだな。**「男は惚れた女を守ってナンボでしょ？」ということの教えは全国に広めないといけない。**

名物に「ダメおやぢ」を挙げてもらった。

1．3人称ｻﾀ━━(ﾟ∀ﾟ)━━!!おやぢ
2．パンダおやぢ
3．愛が少ないおやぢ
4．ワンマンショーおやぢ
5．夫婦仲が悪いおやぢ

1．3人称ｻﾀ━━(ﾟ∀ﾟ)━━!!おやぢ

別名、**「息子を『カレ』と呼ぶおやぢ」**だそうで、名物はこう思うそうだ。

「出た！　カレ発言！　実の息子にHeはないわ～」

この『カレ』と呼ぶおやぢは「カレの性格は」「カレはこう考えている」と語り出すらしい。

これの何が問題かというと、子どもを持つ自分の立場を守っているだけだからこういう呼称

になるのであって、**子どもと本当に腹を割って話していない**ということが、簡単に透けて見えるんだそうだ。

子どもの意見を聞いていないということは、自分と子どもが違う人間だということを認めてないともいえるし、子どものことを考えていない父親であると断じる。

ちゃんとわが子のことを考えていれば、自分の息子を3人称で呼ぶことは、まずないんだそうだ。

2. パンダおやぢ

何事においてもパンダみたいに〝シロクロで分けたがる〟ってことらしく、別名「**YES・NOおやぢ**」。

実話だというから恐れ入ってしまうのだが、近年、学校説明会にはこういうパンダおやぢが出没するみたいで、そのパンダは難関中学の先生さまに向かってこう言うんだそうだ。

「先生、僕はいろんな学校を回っているんで、もうYESかNOだけで答えてくれればいいですから」

多分、私などの〝いらんおせっかい爺婆〟が、「学校説明会では、訪問する学校すべてに同じ質問をぶつけてみましょう」としたり顔で語ってる影響なんだろうが、あたしゃ、パンダになれ！　とは言うとらん！

パンダはこう聞くそうな。

「イジメはありますか？」

名物はこう返しているという。

「YESです」

YESかNOで答えろって言われているわけだから、名物はそれ以上何も答えない。

名物の戦闘モードを煽るだけなのに、なぜにここで「白黒つける」作戦に出られるのか？　そもそも、わが子というものは〝とんでもなくめんどくさい存在〟なのであるから、そんなに簡単に白だ黒だって割り切れないはず。

「どこまで行ってもグレーなんだってことに気付けよ、パンダ！」って私は思う。

私立中高一貫校にはそれぞれに「圧倒的なる文化」があって、本来ならば、その「文化」に憧れ、それに染まり、やがてはそれを継承していきたいと願う家庭が行く場所だ。

何かを学校にしてもらうのではなく、むしろ「自分は学校に何ができるだろう？」と自然と考えられる家庭こそが、私立中高一貫校を選択すべきなのである。

私立中高一貫校はパンダおやぢが来ちゃいけない世界なのだ。

しかし、パンダは先生さまに偉そうな態度を取れるだけあって、そのベースに「自分を強烈に持っているつもり」なのだ。「それは違いますね、先生」と語り出すパンダもいるらしい。

しかし、大部分は本やネット情報、評論家の御説からの知識で**ハリボテ感が半端ない**そうな。教育のプロである教師を舐めちゃいけない。裏付けがないことはすぐバレる。

名物はこう言う。

「それってね、りんこさん、息子以外の話でしょ？　一般論に自分の子どもを当てはめようとしてるってどうなの？　本屋の情報で『子どもはこうあるべき』って語ってないで、生身の息子の話を（我々、教員と一緒に）しようよ」

3．愛が少ないおやぢ

名物は嘆く。「今の40代の父親は愛が少ないヤツが多い」と。

「女房の話も聞けないような父親は、子どもの話も聞けない。まずは女房の話を聞けよ」とおっしゃる。

いいこと言うな〜この名物。まずはわが家にお呼びしたいわ。

子どもに話をさせる機会を与えない親は、わが子を「息子はおとなしく、口数が少なく、引っ込み思案」と評する。

しかし名物には、そういう親は自分の息子を客観的に見ているというよりも、「子どもを持つ親としての自分の立ち位置を、常に気にしている」ように映るらしい。

子どもが話さないのは「怯えて静かにしている」か、あるいは「親を全くの他人と思い聞き流している」だけなのかもしれないのだ。

名物は言う。

「評論家になるな！　持論を唱えるだけで、子どもに向き合ってない（怒）」

女女している私はわが意を得る。「そうだ、世の中、愛だよ、愛！」と。

4. ワンマンショーおやぢ

いろんな先生方の話を聞いても、近年家庭の力が弱まっていると言われることは多いのだが、それを解消するためなのか、バーベキューや旅行に行っただけで、「家族は円満」だと勘違いするおやぢが続出しているらしい。

せっかくのバーベキューなのに、子どもにはやらせず、おやぢのワンマンショーの舞台に早変わりするということだ。

名物は語る。

「親子関係において、自分は子どもと上手に付き合えていると思っている、あるいは逆に考えてもいない親は、子どもの成長因子を外し、自分の考え方に近付けよう、もしくは自分の考え方を認めさせようとする」

「結果、子どもは親にされた対応をそのまま自分の友人関係に落とし込んでいこうとする。そして、**自分が親からされたことをクラスメートや弟妹にするようになる**」

「子は親を映す鏡」とはよく言ったものだ。親になるということはなんと難しいことか。

5．夫婦仲が悪いおやぢ

これが子どもに与えるダメージは凄まじい。

名物は、「離婚だ、何だ」で荒れている家庭で過ごす生徒にこう言って指導していた。

「オマエの両親にも仲が良かった時期があったから、オマエが生まれた。今は大人同士の諸事情ってことだが、オマエは両親を恨むな。オマエは自分の人生を歩むために、他のヤツらよりちょっとだけ試練を与えられたんだな。だから大学は地方の旧帝大を目指せ！　今の家から出て大学に通うんだ。いいな、オマエはオマエの人生のために自立しろ！」

私は、もし夫婦が不仲な状態に陥っていて家庭内内戦状態ならば、リスク管理として「こういう先生が居てくれる学校に、わが子を置いておくのは安心できる」と考える。

子どもは最悪、誰かひとりでいいから、自分のことだけを本気で心配してくれる人がいれば、それだけで生きていけるからだ。

しかし、言うまでもないが、できればそれが両親であるに越したことはない。

名物が挙げる、「神オヤジ」6タイプ

逆に名物には「神オヤジ」についても聞いている。これには6タイプ挙げてくださった。

1．立場を把握しているオヤジ
2．子どもの世界のことは子どもで解決させるオヤジ
3．聞き上手なオヤジ
4．ひとつのことをきちんとやれるオヤジ
5．時間の達人オヤジ
6．武士は食わねどオヤジ

1．立場を把握しているオヤジ

「優秀な父親は、自らが仕事で置かれている立場や、家庭の中での立場や、妻に対する立場や、子どもに対する立場を把握しています」と名物は言う。

よく仕事では「役職がその人を作る」と言われるが、子育てでもそれは言えるのかもしれない。「責任感」と言い換えてもいいかもしれない。

2. 子どもの世界のことは子どもで解決させるオヤジ

「子どもの世界のことは子どもで解決」という覚悟を持った親は、強いということだろう。「親が介入すべき線はどこか」を定めるのは難しいのだが、親がしゃしゃり出れば出るほど、事態は悪化の一途をたどりやすい。わが子のトラブルに冷静でいられる親はいないからだ。

しかし、例えばイジメ対策では、この学校はこういうことをやっている。

・まずは双方の話を聞く

⬇

・対応策を学年団で話し合う

⬇

・生活指導部も加わり情報収集

⬇

・学年の問題か、学校全体の問題なのかの検討

⬇

・同時に被害者が「困っていること」を即行でやめさせる

名物は、「今、起こっている問題が、明日続かないことが一番」と言い切る。

加害者にも結構、手厚い。警察の取り調べの如く加害者を執拗に追い詰め、一方的に追い込むようなことはしないというスタンスだ。

学校は加害者と時間をかけてじっくりと話し合い、加害者が自分のしてきた行為を素直に認め、打ち明けるようになるまで向き合い続ける。

つまり、加害者が「自分が行ったイジメの行為を自省し、自分の言葉で語り出す」まで、学校は加害者にも寄り添っていくのだ。

こういう指導方針が明確にある学校に入れられれば、親はある意味、安心して「子ども同士のことは子どもで解決」と見ていられる。

子育てはやはり学校とも連携しながら、ある場面では親主導で、ある場面では学校主導でと、その匙《さじ》加減を間違えないようにしたいものだ。

3. 聞き上手なオヤジ

もし子どもの話を上手に引き出し、聞き上手に徹することができるならば、これだけで**親の信頼度が子どもの中でアップしていくんだ**そうだ。

これが「父親道」としては核になる部分だそうで、子どもから絶大な信頼を得ている父親に間違いはなく、また子どもも幸せな道を歩みやすいという。

4. ひとつのことをきちんとやれるオヤジ

これは「こだわりを持っている親」ということでもあるらしいが、例えば、こういうことを指すらしい。

ゴミを見たら拾う。ゴミは分別して捨てる。

当たり前のことを当たり前として、ちゃんとやると子どもに尊敬されるんだそうだ。

子どもに尊敬されるオヤジになるということは、子育てにおいては本当に大切なことだと力説された。

5. 時間の達人オヤジ

多忙なのはどこのオヤジも多忙なんだが、その中で「何とか時間を捻出して作ってやろう」と思えるかどうかの差らしい。

「あのとき、オヤジは忙しかったろうに時間を作って来てくれて、俺のこと、家族のことを考えてくれてたんだな」という印象が子どもの安心感を生み、親に対する信頼感を育み、子どもの安定を呼び込むのだという。

この「オヤジは家族のことを考えてくれた」という経験がある子どもは、将来大人になって自分がしたいことをするときには、まず家族の理解を求めてからという行動につながると聞いた。

私は「オヤジの時間捻出がそこにつながるんかい⁉」とただただ驚いていたが……。

6．武士は食わねどオヤジ

これは父親というよりも、むしろ母親への要望なのだが、「お父さんを立てるように知恵を働かせて欲しい」ってことだった。

「お父さんに相談してからね」という言葉は、母が父をどのように考えているのかが子どもでも分かる表現になるという。

子どもが「友だちの家に泊まりに行きたい」と言ったとき、「バイトしたい」「バイクの免許を取りたい」「留学したい」と言ったとき、どこまでが母判断で、どこからが父判断になるのかのバランスを考えることは、とても良いことなんだそうだ。

もし、わが子がチュー坊辺りでＤＶＤを友だちに貸したいという希望を持っても、「パパがダメって言ったからダメ」と言えるならば、その子が大人になって人との貸し借りをするときには慎重になるというのだ。

このように「武士は食わねど高楊枝」ではないが、**ここぞのときに子どもに力を与えられる**

父親は、家庭の安心安定を作り出すのだ。

父親はやはり最後の砦でなければならない。

名物はこう言った。

「『子どもは自分とは別人格で、別の人生を歩み、自分とは別の家庭を作っていく人間なんだ』という事実に気が付けるかどうかが、子育てが上手くいくかどうかの分かれ目です」

先生、早く言ってよぉ～。

ウチの子どもはもうとっくに20歳、超えちゃったじゃん！

りんごから『子育ての終わりに』

コラム5

この春、わが家は下の子の学費の支払いを終えた。

お父さんであるウチのダンナは最後の学費の支払いを終えたときに、本当に安堵したかのように、その振込用紙をシゲシゲと見つめていた。

取り敢えず生きていて、何とか学費も支払うことができ、父親としての責任を果たせたということにホッとしたんだと思う。

ふたり分のかかり過ぎるくらいかかった学費を、何も言わずに出してくれたことには感謝しかない。

ダンナには私から感謝状を、ダンナからは私に努力賞をと思っている。

子育て、本当に楽しかった。

泣いたり、怒ったりしている方が多かったような気もするが、それでも20代・30代・40代、それぞれの代で人として旬な経験をさせてもらうことができて、本当に楽しかった。

そして、これからは家族それぞれが、それぞれの思う道を全力で頑張っていこうとしている。

子育てを終えた先輩として、若いパパとママにはぜひ次のことを伝えたい。

わが子と暮らせる時間は短い。だからこそ、その貴重な日々の中で泣いたり、笑ったり、怒ったり、喜んだりしながら、子育てを思い切り楽しんで欲しい。

そして将来、再び夫婦ふたりになったときに子育て時代を振り返って「お父さんとお母さんになれて良かった」と思えたなら、それだけで子育ては大成功なのだ。

私はそう信じている。

父親道

6

りんこから
お父さんにお願いしたい
4つのこと

お父さんへのお願い
File 1

無関心は返上してもう少し受験にかかわってください

「愛の反対は無関心」

マザー・テレサのお言葉だ。

アンケートの中で目に付いたのはこの三文字、「無関心」であった。

多くの妻たちが「夫は受験に無関心」と証言したのだ。

「中途半端に口を出されるよりも無関心でいてくれた方が楽」という声もあるにはあるのだが、これは夫の行状を諦めてしまったのだと推察される。

アンケートの言葉を拾ってみよう。

◉「無関心でも塾の送り迎えくらいきちんとして欲しかった」

◉「子どもが学校をひとりで選択できるわけではないので、夫にはもう少し協力して欲しかった。どんな学校が合うのか、どんな学校なら娘が幸せになれるのかを一緒に考えたかった。夫は入学説明会で、初めて娘の第一志望校だった入学校に足を踏み入れました」

◉「小4の春『息子に中学受験をさせる。それは親が誘導するものだ』と夫は言ったんだが、夫は小6の秋に唯一受けた学校以外、中学に足を運ばなかった。せめて2～3校は見て欲しかった」

◉「学校説明会に一緒に行ったり、志望校を考えて欲しかった。私が孤独感を感じることがあった。もっと共通の話題がある状態で受験を迎えられたら良かったと思う」

妻たちの「寂しいよぉ～～」って涙声が聞こえてくる。

本音はもっと夫婦で話をしたかったし、学校説明会にも一緒に行きたかったたし、とにかく夫婦で一緒に悩みたかったということなのだ。

理想的な夫のかかわり方

中学受験道に足を踏み入れてしまうと、そこは泥沼で、行くも戻るもままならない。しかも手間と金が猛烈にかかるものなので、大抵の人間にとって、まさにP28でも説明した「負けが込んだ博打」状態。

「志望校別特訓講座？　1コマ2万円？　え～い、持ってけ泥棒！」となり、「次の模試こそは！

次こそは！」という見果てぬ夢を追うのである。もう降りるにしても降り方すら分からなくなるので、大抵の母が我を忘れてしまう。

「お願い、アタシはおかしい！　誰か止めて！　止められないなら、せめて、この道で合っているって、もう誰でもいいから言って！」と願っている。

妻たちはものすごく不安でまた孤独なのだ。

本来ならば、一番近くに居る人とこころを寄せ合いたいのに、それはかなわぬことなんだ……と確認する毎日は、やがて「ひとりで居る以上に、ふたりでいる方が寂しい」という実感を生み出す。

P54でも触れたが、中学受験をすると離婚が増える。

夫たる者、妻を孤独にさせてはいけない。

一番良いのは妻の主導権を尊重しながらも、「妻への協力は惜しまない」という態度を見せることだ。

「大丈夫だよ。ママのやっていることは間違いないよ」

夫からこう言われるだけで、妻は冷静さを取り戻せるし、何より夫の愛を感じることができるのだ。

アンケートに答えてくれた、わが子の中学受験を終えた母はこう述懐していた。

「息子が5年生から6年生の夏頃までの私は、毎日がパニックで自分を見失っている状態でした。そういうときも夫が私のフォローをしてくれて、私を信じてくれていたことが、私にだけではなく息子にもプラスになったと思います」

中学受験は家族の受験

中学受験は家族の受験だ。父親がひとりだけ蚊帳の外という立場ではもったいない。なぜなら、これを逃すともう、子どもの進路に堂々と口出しをすることも、ましてや子どもと一緒に机を並べて勉強することもできなくなる。

中学受験は「家族がひとつになって目標に向かって走れる」最後のチャンスなのだ。

現在、小学校6年生の子どもを育てている親ならば、わが子と暮らせるのは残り6年強だけである。大学生になれば家から出る子は多いし、例え同居であったとしても、理系ならば実験などで、文系ならばバイトなどで家に帰ってくる率は激減するだろう。

そうなると、もう二度とわが子は手元には戻らない。

家族が家族の形態を成している時間は、思うよりもずっと短いのだ。

この時間が、実は家族にとっては貴重な瞬間の積み重ねだということに気が付かないといけない。

実際、中学受験で得るものはたくさんある。

例えば、

・爆発的に増えた知識
・目標に向かって「腐らず」「焦らず」「投げ出さず」に一歩一歩、努力していく姿勢
・いろいろな幸運に支えられての受験なので、それに対する謙虚な感謝
・自分の力でつかんだ合格証書

などなど、あなたの子どもは言い出せばキリがないほどのギフトを手にしていることに気付くだろう。

家族にもギフトは与えられる

更に、それを支える家族にもギフトが満ち溢れる。

何の目標もない中では毎日がフルスピードでただ漫然と過ぎていくだろうが、中学受験を体験した家族は受験時代のさまざまなシーンを何度も蘇らせることができるだろう。

家族で何かを成し得たという体験は文句なく良い。

わが家のことで恐縮だが、たまに帰ってくる子どもたち（26歳と22歳。とっくに成人して家を出ている）がテレビのクイズ番組を観ながら、こんな会話をしていたことがあった。

息子「いやいや、そこは**『苺、よく食うザビエル』**だろ?」（１５４９年ザビエル来日）

娘「『イヤよ、おじさん、アヘンはやめて』よりも後だから……」（1840年アヘン戦争）

「12の手習いで得た知識は、20代になった今でも色あせないのか！」と感動したが、もっと喜ばしかったのが、私自身の40の手習いで得た中学受験の知識である。

私は今でも**「いや〜ん、胸毛が焦げちゃう大政奉還」**（1867年大政奉還）と吟じられるので、子どもたちの会話に参加できちゃったのだ。

こういう本当にどうでもいいような会話の切れ端が、あの頃、最大限に頑張ろうとした若かった頃の自分に再び出会わせてくれて、懐かしくも甘酸っぱい気持ちになる。

その延長線上に今があるんだなぁと思い、しみじみとわが子の横顔を見つめた夜があった。

わが家では、この席上にお父さんの存在がないところが残念といえば残念ではある。

私の場合、わが子の中学受験時代はダンナが帰ってくると「チッ、帰ってきちまった……」（ダンナ用の夕飯の支度をしなければならず、せっかく集中してきた子どもの気が散るから）といまいましく思っていたので、ダンナの不参加は望むところではあったのだが、ダンナにも「家族で一致団結」という快感を味合わせてあげたかったなとチラリと思ったりはする。

学校を決めるのは夫婦の大切な責務

ウチのダンナは昔の人なので不参加上等でもいいが、今のお父さん方には、子どもと何かを一緒に成し遂げたり、妻とわが子と「わが家の未来について話し合いを重ねる」ひとときを経験することをお勧めしたい。

なぜなら、**夫婦には「共感」と「共有」がマスト**だからだ。特に子育て期においては夫の「共感」があるかないかが最も重要になる。

とりあえずお父さんは「学校説明会」に出かけよう。今の中高一貫校が何を語るのかを知ることから始めるのだ。

私立中高一貫校は4輪駆動で走っている。生徒、先生、OB・OG、そして保護者である。100年越えの学校もたくさんあるが、この4輪駆動でとうとうと時をつなげ、文化を築いている。この「文化」こそが私立中高一貫校なのだ。

その空気の中、子どもたちをどのように鍛え、社会に出そうとしているかの理念に対する思いは聞いた方がいい。

私はさまざまな中高一貫校と接してきて、こう思っている。

「学校はわが子が泣いて大きくなる母なる場所なのだ」と。

ある有名校の学校説明会の席上、校長先生がこういう話をした。

「先日、夕陽を見ようと思って（学校敷地内の）丘に行きました。そこには高3の生徒がひとり佇んでおりました。彼は夕陽を見ながら、泣いているように見えました」

「レギュラー落ちしたのかもしれない、学業で悩んでいるのかもしれない、親とうまくいかないのかもしれない、失恋したのかもしれない、友と仲たがいをしたのかもしれない……」

「男がひとり黙って、夕陽を見て泣く。いいじゃないですか。これが青春です。男はこうやって、ひとりで成長していくのです。学校で笑いなさい、そして、学校でいっぱい泣きなさい。本校はこうやって、あなたの大切なお子さんを男にして社会に出します」

12歳から18歳までの人生で最も多感な時期。親の元から、少しずつ離れていく時期、親ができることは少ない。

「子どもが泣ける場所」をどこにするのかを決めるのは、夫婦の大切な責務だと思っている。

ご家庭の教育方針をご夫婦でよく話し合ってください

中学受験というものは今や「猫も杓子も」感があり、特に首都圏では特別なものでも何でもないのだが、ちょっと前までは「選ばれしご家庭」のためのものだった。

選ばれしご家庭……。それを端的に言い表すキーワードのひとつが「**金持ち**」。

この「金持ち」に「家柄」がくっついてくると最強であるが、要は庶民ではないという「選民層」のために中学受験は存在していたのである。

この方々には代々に渡る御用達学校があり、そこに入るための先祖伝来のノウハウがあるために、はたから見るといとも簡単にお入学あそばせる。

そして、もうひとつのキーワードが「**天才・秀才**」。

いわゆる教室の「浮きこぼれ」ともいわれる、文部科学省の学習指導要領では収まり切らない、「将来は地球の未来を担う存在になり得る芽を持つ」お子様たち……。中学受験とは、このお子様たちのために用意された特別な進学ルートでもあった。

「金持ち」と「天才・秀才」。この二層で運営されていた私立中学に、近年「イメージ先行層」が大量参入してきたために、中学受験界はやたら活気を帯びてきたのである。

ちなみに「イメージ先行層」とは、文部科学省主導の「ゆとり教育」やら、コロコロ変わる施策に勝手に危機感を持ち、**何とな〜く「私学＝入って安心桃源郷」とのイメージ先行で参入しているご家庭**のことを指す。

生まれた時点で中学受験を考える家庭も

中学受験に関する取材をしていると驚くことがたくさんあるが、その中でも最近特に驚かされたのは、「あなたは、いつお子さんの中学受験について考え出しましたか？」という質問に対するご家庭の返答だ。

10余年前までは、「小学校入学前後」という返事が多かった。

つまり、

・合格した私立小学校の併設中学は女子校なので、男子では上にあがれない。
・希望の私立小学校に不合格だった。
・小学生のうちは地元の公立へ通わせる。

など、『小学校をどこにしようか？』という問題が決着した段階で、「中学受験をするか、しないか」が自動的に決定していたのだ。

ところが今は、**「子どもが生まれた段階で」**という声が多い。

そのために(*)**バースコントロール**をしたという母の声も相当数、聞いている。

ということは、この両親、特に母たちは**子どもが生まれた瞬間から「この子にはこういう教育を授けよう」という意識を持っていた**ことになる。

ある意味、用意周到なのだ。

ある女はこう言った。

「子どもはひとりで十分。しかもウチは女の子が欲しかったので、それようの努力をして産んだ。首尾良く女の子が生まれたが、この子には3歳違いの『エア姉』が居ると常に仮定して育ててきた」

「この子が1歳のときには（エア）姉は4歳。姉はピアノを習っていてもおかしくないので、ピアノを置いて、自由に触らせた」

「この子が2歳のときに（エア）姉は5歳。通信教育デビューをさせるので、5歳児用の教材を取り寄せた。この子は2歳だが、2歳児用と同時に5歳児用の教材を触りながら、成長した。**（以下、同様の教育方針が大学入学まで続く）**」

当然の結果で（と、その女はのたもうた）、その子は超優秀大学に入学した。

「今や、こういう時代か!?」と驚きを隠せない私だったが、「**教育方針がきちんとしているご家庭の方が、子育てにおける羨望の眼差しを受けることが多い**（もちろん、それがイコール、幸せとは限らない）」とは言える。


(*) 早生まれを避け、5月、6月生まれになるように誕生月を操作することもう、公立小学校の黒板横に貼られているような学級目標、「笑顔で元気」は当てにはできないということなのかもしれない。

「イメージ先行層」の家庭は、「金持ち」「天才・秀才」層の家庭以外に、こういう**「用意周到感満載」の家庭**と肩を並べて、受験に駒を進めているという〝覚悟〟を持たなければならないのだ。

中学受験は、この〝覚悟〟なしに「何となく」入ってきてはいけない世界。

つまり「なぜ、中学受験なのか？」「12歳のタイミングでの受験が必要か？」ということをもっと強く、夫婦で話し合わなくてはならないのだ。

私学に行かせる最大の意味

私学にはそれぞれに独特の空気が流れており、良い学校になればなるほど、強烈な発酵臭を発している。無味無臭を〝是〟と捉える公立との最大の違いがこれなのだ。

そんな私学に行かせる最大の意味は、「その学び舎で、いかにわが子の長所を伸ばしてもらえるのか」という1点に尽きる。

「あなた、とっても良い子ね～」とわが子の存在を認めて、長所を伸ばしてくれる学校に行かせなければ意味がないのだ。

だからこそ、わが子について
「どういう性格で」

「どういう特性があり」

「何が長所なのか？」

ということを真剣に夫婦で話し合うことから始めなければならない。

ひとつの例を示すとするならばこういうことだ。

学校で掃除の時間があったとしよう。

ある男子A君がふざけていて箒《ほうき》を振り回し、掃除が進まない。真面目なB子さんはそれがとても嫌で、担任の先生に「A君が掃除をやりません！」と言ったとする。

担任の先生が「A君、ちゃんと掃除をしなさい！　B子さん、とても偉いですね」という指導をしたとするならば、B子さんは自分の考える「正しい行い」が「正当に評価された」と満足し、自己肯定感が伸びるだろう。

しかし、担任の先生がA君に注意もせず、「B子さん、人は人だから。おせっかいもいい加減にしないと」というニュアンスの指導をしたとしたら、B子さんの「真面目」という良さが減少するきっかけになりかねないのだ。

逆も真なりで、A君の立場から言えば「あまりに規律にうるさい」学校に行ったならば、彼の自由闊達という長所が萎縮するかもしれない。

もうひとつ例を挙げよう。

女子御三家の特徴を表す有名な小話として、**「もし、道に空き缶が落ちていたら」**というものがある。

桜蔭の生徒は本を読んでいて缶に気付かず、

雙葉の生徒は缶を拾ってゴミ箱に入れ、

女子学院の生徒は缶蹴りを始める。

という例え話なのだが、同じ質問を私が豊島岡（女子校）と浅野（男子校）のトップにぶつけたところ、こういう返事を頂いた。

豊島岡の生徒は「みんなで競って捨てに行く」。

浅野の生徒は「全員、無視」（男は些末なことにとらわれず、人生ここぞ！　のときに行動すれば良いとの例え）。

良い悪いではない。これくらい各校で違う答えが返ってくるのだ。

それを分かった上で、わが子の長所が伸びる環境にわが子を置いてあげなさいということだ。

夫婦の意見が一致しなければ子どもは混乱する

「一発勝負の成績順」で合否が決定する中学受験は、受験の中でも最もフェアな受験である。

それ故、各塾の偏差値によるランキングが存在するが、当然ながら、偏差値が高いからその学校が良い学校と決定するわけではない。

わが子にとっての良い学校が、偏差値にリンクするとは限らないのだ。

数年単位でコロコロと上下する偏差値などという数字でしかないものにこだわるよりも、もっと大事なことがある。

あなたの大切なお子さんにはどういう長所があって、何に興味を持っていて、「その興味をどういう方向性で伸ばしていくと、未来が光り輝くのか」という視点で考えなければならない。

さあ、夫婦で話し合おう。

夫婦の意見が一致していないと子どもは混乱するばかりになる。

片親が「どうしても私立中高一貫校」と思っているのに、もう片親が「公立で十分」と考えているならば、子どもは両親から両手を違う方向に引っ張られて、進むも戻るもできなくなる。

・わが子の良さを伸ばしてくれそうな学校はどこなのか
・わが子の才能を引き出してくれそうな学校はどこなのか
・教育にかける予算はどのくらいか
・私立大学に6年間通っても家計は大丈夫か
・他の兄弟・姉妹たちの進路はどうするのか
・私立中高一貫校ではなく、高校大学のどこかで留学という手段もありか……考えることは山ほどある。

夫婦が一枚岩になって協力して子育てをしていく。これは本当に大事なことだ。**安定した家庭には安定した子が育つ**のだ。

さあ、意見の相違を恐れず、夫婦で大切な会話をしよう。

これが、まず、中学受験で一番、大事な肝なのだ。

お父さんへのお願い File 3

何のために学ばせるのかご夫婦で確認し合ってください

P34で触れたように、私立中高一貫校には「教育理念」というものがある。もちろん各校で言い回しは違うのであるが、その主成分は同じ源泉から湧き出ている。すなわち「人の役に立つ人間になれ」というものである。

「社会貢献」をすることこそが「己の幸せ」だと明確に謳っているのだ。

そのために「まず経験せよ、失敗せよ、挫折せよ、そして学べ」と言い切る。知力をつけて、その知識で「社会に役立て」との一大方針が貫かれているので、中高一貫校の勉強に対する姿勢はどこも厳しく、「中学受験さえ突破できれば、後は楽チン！」ということにはならない。

つまり、小学生の時点で「勉強嫌い」を作ってしまってはならないのだ。

ところが、中学受験に駒を進めてしまうと、偏差値を追い、1点、2点に固執し続ける親が続出する。子どもはアッという間に「分からないことが分かったという喜び」を忘れ、○か×かだけを気にし出す。

学ぶことが好きな子どもの家庭にある「三種の神器」

サルの研究で高名な動物学者の河合雅雄先生によると

「大脳新皮質が高度に発達した人間は、放っておいても自発的な知的好奇心を持つ動物だ。だから、本来は子どもたちは勉強が好きなはず。それが勉強嫌いになったというのは、教育方法に何か大きな欠陥があるということに他ならない」

ということらしい。

ゲームは好きだが、勉強好きとはとても言えないわが子ふたりを見ると、私も教育方法に大欠陥があったのだろう。

そこで、私は数年前から偏差値が高いとか、優秀大学に進んだというよりも（結果としてリンクするが）、**「学ぶことが好きだという子は、どんな家庭環境だったんだろう？」**ということに着目して聞き取り調査をしている。

すると、ある共通点を見つけたのだ。

ものすごく分かりやすく言い切れば、そこには三種の神器が存在する。

❶百科事典

❷ホワイトボード

❸重松清

この3点が普通に、それこそコロコロコミックが床に転がっているがごとく普通に、子どもがまだ小さいうちからご家庭に備え付けられている。

それぞれの役割について述べてみたい。

❶百科事典

百科事典が良いと思うのは、調べた言葉の周辺の用語もごく自然に目に入ることにある。ひとつの事象を調べているうちに、いろんなところに浮気しているのだ。文字の中を浮遊しているうちに、いつの間にかさまざまな知識を吸収している。

❷ホワイトボード

リビングダイニングにあるホワイトボード。

もちろん家族の伝言板としての機能もあるのだが、それよりも〝ふとした疑問〟に使われることの方が多いようだった。

なぞなぞだったり、図形の問題だったり、本日の訓話のような四字熟語だったり、落書きだったりが秩序なく並んでいるイメージだ。

親が答えを書き加えることもあれば、ヒントだけを書き足すこともあり、要は親子でコミュニケーションを取りながら知識を広げているように感じた。

❸ 重松清

重松清は中学受験市場でも一時代を作った大作家であるが、入試問題頻出作家だけあって、子どもにも読みやすく、分かりやすく、かつ深い。

こういう良書を読み慣れていれば、文章題の「ワタル君はあかりちゃんを見て、どうして赤くなったのですか?」という設問に接しても、よもや「赤くなりたかったから!」(筆者長男の小6時点の解答)と自信満々に答えることはなくなる。

やはり、この人間の機微を伝えるためにはゲーム内での「ズキュン・バキュン」などという擬音語だけでは足りないということだろう。

学ぶことの本当の意義

私事で恐縮だが、先日、娘の大学卒業式に出席した。

Jリーグチェアマンであった川淵三郎さんから祝辞を頂いたが、このお話がとても良かった。

お話の概要は「VW」。ノーベル賞を受賞された山中伸弥教授が語っておられた話らしい。

「フォルクスワーゲンではありません」ってまず笑いを取った後、川淵さんはこう述べた。

「VWは Vision & Work hard って意味です」

「手術が下手過ぎて外科医は向かないと諦めた山中教授は、悪戦苦闘の末、やっと引き受けてくれたアメリカの大学で研究職に就きます。そこの教授に『君が身を粉にして研究していることは私が一番よく知っているが、君のビジョンは何だい?』と聞かれ、山中教授は答えに窮したそうです」

「そこで、『いい論文を書くため』とか『いい職に就きたいから』という現実的な答えを出したところ、教授にこう諭されたのだそうです。**『それはビジョンとは言わない。ビジョンを達成するための手段だ』**と」

「山中教授はそのとき深く反省し、『そうだ、自分は難病の人たちの光になりたいと思って、研究を始めたのではなかったのか』という初心に立ち返ったといいます」

その話を引き合いに出しながら、川淵元チェアマンはご自分のことを語り始める。

古河電気工業の社員だった川淵さんは、51歳のときにリストラに遭ってしまう。当然ながら大きな挫折。

川淵さんは「これからどうする?」と考えた挙句、「自分のビジョンは何なんだ?」という思いに至ったのだそうだ。

「サッカーを国民的なスポーツにしたい」

「サッカーで地域振興もして、地域を盛り上げていきたい」

何も土台がないところからの50代のスタート。でも、やる。

川淵さんは学生たちに**「ビジョンを持つことの大切さ」**と、ビジョンを持ったならば**「達成**

するために全力で働け」と語りかけたのだ。

そして、2016年1月、軽井沢でのバス転落事故で若い命を落としたこの大学の学生に対して、声を詰まらせながら、悲しみの気持ちを訴えていらした。

もう、卒業生たちも保護者たちも全員、涙、涙。川淵さんも涙、涙でこうおっしゃった。

「亡くなった学生は常々、周りの方たちに『(専攻を究め)世の中の役に立つ仕事をしたい』と語っていたと聞きました。卒業生の皆さんも是非、世の中の役に立つ人材となって活躍して欲しい」

今一度、問いたい。

何のためにわが子に学ばせるのか。学びは何のためなのか。

その解は、決して「第一志望の中学に合格すること」ではないはずだ。なぜなら、第一志望の中学に合格すること自体は、ビジョンを達成するための手段に過ぎないからである。

アンケートに答えてくれたある母が、こんなことを話してくれた。

「子どもがその声かけに救われた夫の言葉ですか? あります。『受験の結果は関係ない。ただ、勉強が楽しいと思えるようになって欲しい。そのための受験であり勉強だ』です」

「学問とは、人間はいかに生きていくべきかを学ぶものだ」とは吉田松陰の言葉であるが、思うことは「一生勉強」。ならば、父よ。ここで楽しくさせなくてどうするのだ。

お父さんへのお願い File 4

わが子とどう向き合っていくのかお父さん自身が考えてみてください

「今、息子が受験して通っている学校は偏差値が低いので、私はどこか自信が持てず卑屈でした。合格してもずっと心の中で馬鹿にしていた気持ちがあって、息子にもこころから『頑張れ』とは言えず、『滑り止めだしな』という思いが態度に出ていたと思います」

「でも主人は『すごいよ、○大の付属だよ!』『いい学校だよ』と学校の読み方も分からなかったくせに、とにかく『いい学校じゃん、すごいじゃん』と息子に言い続けたのでした。母親が自分の学校に対してノリノリじゃないのが、今ひとつ引っ掛かっていたであろう息子には救いだったと想像しますし、実は私にとっても後押しになりました」

これはわが子を「猿《えん》ジェル」と呼ぶ、ある母の述懐である。

今、この子はこの学校で強豪とされる部活に入って(お勉強はともかく)、楽しそうに通っている(現在中2)。

私は本当に誰でもない、このお父さんで良かったね〜って気持ちである。

この子も中学受験会場に無勉強で行ったわけではない。この子なりの努力を3年続けての受験で、たまたま結果が予想とかけ離れてしまっただけなのだ。

中学受験は同じメンバーで受験をしても、**合格者の半分は入れ替わってしまうと言われているほどの僅差の勝負**で、合否は「運」も相当入る。

弱冠12歳の受験だ。「想定外」という結果は意外と多いのだ。

結果だけで判断する親に子の未来はない

10余年前に**「受験界は株式相場である」**と言ったのは私だが、今もそれは変わらない。

P57でも簡単に触れたが受験界には学校という名の「上場企業」があって、その成長を見極める私たち「株主」がいて、更に相場を上げ下げする「塾」という存在がある。しかし、それは単なる数字でしかなく、その奥深い中身までは、なかなか反映されないのである。

大事なものは必ず目に見えないものなのに、**子どもをツブす親は必ず、目に見えるものしか信じない**のだ。

私は、「親族がその子を結果だけで判断する」という後に起こる悲劇を数多く知っている。

特に父親のそれはダメージが大きく、「子ども壊すにゃ訳もない。すべてを認めなければ良いだけさ」になる。

するとどうだろう。わが子は面白いように、中高時代に早くも「社会生活にＮＯ！」を突き付けるだろう。それで困るのはその子以上に親になる。

そうなると大抵の父親は「知らぬ、存ぜぬ」で逃げるか、「腐った人間だな」「どうしようもない」「生きてる価値なし」などという言葉の手裏剣を妻に投げ付けるだけになる。

そのような最悪の段階にきてしまってから、私に相談してくるケースが多いのだが、正直時間を逆回ししたい衝動にかられてしまう。

社会に出て久しいだろう父親が改善策も示さず、リスク管理もお構いなしであったならば、どうなるかは目に見えているだろうに、この2択（逃げるか・言葉を投げ付けるか）以外の選択肢を知らないかのようだ。

子どもは父親の一言で頑張れる

逆に子どものことを結果だけで判断せず、常に子どもに目をかけている父親がいる子はこういう風になる。アンケートに答えてくれた母親の証言だ。

「入試1日目、押さえ校のまさかの不合格。2日目のチャレンジ校も×。3日目の本命校を控え、崖っぷちに追い込まれていました」

「塾から帰ってきた息子は塾で先生に励まされたのか、吹っ切れた良い顔をしていました。その顔を見て主人が『**お前、いい顔してるな。明日は大丈夫だ**』と一言。息子の顔がまた変わりました。ほんの数分で、成長した瞬間の息子の顔を見ることができました」

「息子は父親から認められたという思いだったのでしょう。その後、３日目の本命校、４日目の超チャレンジ校、１日目の不合格校の繰り上げと快進撃になりました」

「人生、ここぞ！」のとき、つまり然るべきときに、然るべき言葉を親からかけられた子どもは幸せだ。

その言葉が肯定文であったならば、それだけで生きる原動力になる。

子どもはいくつになろうが、親が死ぬまで、その親に「認められたくて、褒められたくて」、それだけで頑張れる生き物なのだ。

私の好きな大物芸能人Fさまにもそういう話がある。

Fさまご本人がテレビで語ったところによると、こんな感じだったようだ。

その日、まだ少年だったFさまはお父様から「たばこを買ってきてくれ」と頼まれたんだが、近所にお父様のお好きな「ＬＡＲＫ」が売っておらず、遠くまで歩いて買いに行った。

帰宅した途端、お母様から「どこに行っとったんね。こんなに時間かかって。心配するがね！」と叱られたが、お父様はそんなお母様を制し、こうおっしゃったそうだ。

「いやいや待て待て、そうじゃなか。コイツは『ＬＡＲＫ』ば探しに行ったと。コイツは根性だけはあるとたい」

Fさまはこう語っていらした。

「僕は後にも先にも親父に褒められたのはそれだけ（お父様はFさま17歳時に他界）。〝根性だけはあるとたい〟と言われたことが成功体験としてあって、それを支えに東京で頑張った。この25周年は、父ちゃんのその一言で支えられてきたんじゃないかって」

私の記憶では「そのか細い糸だけを頼りに」とおっしゃっていたように思う。

父親の一言は絶大だ。

「人生ここぞ！」は、意外と日常生活の中のふとした瞬間に訪れるものだ。

父親自身がわが子をよく見ていなければ、わが子の良さは分からない。

わが子の昨日の顔と今日の顔との違いは、見ていなければ分からないのだ。

その違いを見抜き、瞬時に「認める」。

中学受験の合否には「運」も相当入る。その「運」を引き寄せるのは私たち親の腕の見せどころなのだが、それ以上に重要なことがある。

私たち親は「か細い糸」にならねばならない。

か細いけれども、決して切れることはない「糸」である。

「お前、いい顔してるな。明日は大丈夫だ」

父親が言うに本当にいい言葉ではないか。

エピローグ

中学受験を終えた
ご家庭へのメッセージ

Message File 1

お母さんへのメッセージ

中学受験「落とし前」の付け方

「中学受験ってすごいな」って唸ることのひとつに「記憶の残像度」がある。

ある老人ホームに認知症が進んでしまって、実の息子の顔も分からなくなったお婆さん（80代）がいるんだが、その方とお話ししていたら、こんなことを言い出した。

「息子の（中学）受験本番の日は明け方から大雪で、でも受験番号が19番で『行く！』だから、もう行くしかないと思って……」

40年以上前の出来事を昨日のことのように語る姿に仰天すると共に、その刻印の強さを思い知った瞬間になった。

受験をしなければ日々はただ流れていくだけだが、私たちはわが子の「あの日、あの時、あの場所で」を永遠に覚えているのだろう。

「ヤル気がないならやめちまえ！」の母の怒鳴り声を背に、泣きながら塾に行かせてしまった日。

「先生が私にデッカイ丸を付けてくれてね～」と嬉しそうな顔をして帰ってきた夜。

壮行会で「絶対にこのクラス全員で第一志望に行く！」と誓い合ったという報告。

「お母さん、受験させてくれてありがとう。俺、もう（あの頃みたいな）馬鹿じゃねっし」と笑って言ってくれた夜更け。

2月1日、塾の先生たちの応援の列。

2月2日、試験終了後に「やべ！　満点だ！」って言いながら会場から出てきたから、母が絶望感に襲われた瞬間。

2月3日、「やるだけやった。これでダメなら残念だけど、悔いはない」と言い切ったこと。

2月4日、落ち続けているのにポーカーフェイス。塾の先生の「いいから泣け」の一言に号泣した後、「明日の過去問、ここでやってもいいですか？」と言ったとき。

2月5日、「楽しかった」と一言だけ感想をくれた日。

2月6日、「終わった。遊ぶぞー‼」って叫んで、玄関を飛び出していったドアの音。

……母の目の前でわが子が「今、大きくなった」という瞬間を見せてもらえる。

そう考えると、中学受験はもうお釣りが来るくらいの贈り物を親に与えている。

今、中学受験を終えたばかりの母には、特に、結果が思わしくなかった母には、ここで一回「落とし前」を付けることをお勧めしたい。

何でもそうだが、次のステップのためには「検証作業」が必要なのだ。

1番最初に確認すべきはこれだ。

わが子は「解るって楽しい！」という「ワクワク感」を体験したか？

子どもにはこれだけでいい。

人生は幸せになるために旅をしているようなものだが、この単純な「ワクワク感」が、実は最期の最期まで人生を楽しくさせるのかどうかの分かれ目になる。

「知的好奇心」は人類だけに与えられた快楽なのだ。

しかも、これはチャンスが与えられないと得られない代物だ。

それなのに、生まれて10年ちょっとしか経っていない段階で早くも知ってしまったこの快感。この「知的好奇心の芽生え」こそが「中学受験の本当の意味」である。

これさえわが子が獲得できたのなら、合否はサイコロの目くらいの違いでしかないので、親がこころない言葉でその芽を摘み取ってはいけない。新芽はとても弱いからだ。

逆にこの「芽生え」を親子で喜べたならば、わが子は自信を持って、次なる人生の扉を果敢に開けていくことになるだろう。

母はこれを確認しよう。

・家族で一致団結できたか
・「むしろ母は孤独が良い」を貫けたか
・たくさんの学校に足を運び、文化の息吹を感じたか
・母の仕事である（健康＋時間＋プリント）の管理は万全だったか
・わが子に合う最良と思える選択をしたか
・受験校に順位を付けず「どこでも、あなたは幸せになる」と言えたか
・受験本番、わが子の応援団長という役割を全うしたか
・手続きミスはなかったか
・感謝を伝えるべき人に仁義を尽くしたか

そして最後。
家族で「頑張った！」と声に出して、互いの健闘を称え合ったか。
中学受験は、家族で「いい受験」だったと思えたならば、それだけで大成功なのだ。

受験会場、母は校舎にわが子が吸い込まれるのをただ黙って見送るしかできない。

でも、私はこれが最高にいいと思っている。


結果はどうあれ、わが子は「受験」という「勝負」をした。

親もいない。

先生もいない。

誰も助けてはくれない。

自分がやるしかない……。


子どもは生まれて初めて「自分しかいない」という体験をしたのだ。

これは経験した者だけに与えられる「人生のギフト」なのだ。

これが最高にいい。


干支2巡目の最初の頁が「わが子の自立を強く促す」ということがいい。

私たち親は、干支2巡目終了の24歳までには親元から子どもを巣立たさなければならない。

その「覚悟」を親子に突き付けたのだという事実が、これから先の子育ての指針になる。

それ故、中学受験は「やってナンボ」なのだ。

ここまで読んでもなお、合否にとらわれて立ち直れない母もたくさんいるだろう。

特効薬があるとすれば、それは時間薬しかないので、誰にもどうにもできないのだが、ひとつだけ、金縛りがとけない母にこんな話をしておこう。


中高一貫校には「(*)小早川秀秋《こばやかわひであき》」がたくさんいる。

特にトップ校のすぐ下に位置する学校は小早川秀秋だらけだ。


入学後すぐの保護者会では、泣きながらこんなことを言う母まで出現する。

「こんなところに座っていなければならないなんて……」


しかしだ。

こういう小早川秀秋に限って、寝返るのも早いのだ。

いつのまにか「やっぱり、こういう運命だったのね！　この学校、最高だわ！」と言い放ち、しかもムカつくことに、こういうヤツに限って子どもが最高学府に入ったりする。


私はこれをひそかに「小早川秀秋の一貫校マジック」と呼んでいる。

残念臭を漂わせている母よ。


(*) 関ヶ原の戦いで西軍から東軍へ寝返り、岡山藩55万石の藩主となった戦国武将残念臭は消臭剤で消えるものではないので、努力ではどうにもならない。
ただ、一貫校マジックは程なくして、あなたを包み込むだろう。
さあ「いい受験」だったかの検証をしたならば現実を見よう。
「ええ～⁉　これって何点満点なの～？　18点って何？　18点って！」
……1学期の中間テスト、母が失意の冬眠から目覚める瞬間だ。
さあ、干支2巡目の始まりだ。
子どもと戦う第2ラウンド。母よ、ふて寝している場合ではないのである。

Message

File 2

お父さんへのメッセージ

父親がわが子の傍らにいるべき時期

私は今、毎日のように母たちからのお悩みメールを受けているが、多いのが「わが子15歳（前後）の葛藤」である。15歳はややこしく、めんどくさいのだ。

私はわが子が小学校高学年の頃は、「中学受験をさせられれば」「ある程度名のある学校に押し込みさえできれば」➡「その先も一生、甘い汁をチューチュー吸える」と思い込んでいた。

しかし、そんな甘い話が世の中に落ちているわけもなく、こっちの水もあっちの水も塩辛い。

受験を終えて無事に中学に入学しても、わが子のことは、いつなんどきも心配で不安でたまらない。

自分が求める、小さな小さな理想の枠の中からはみ出ないように、わが子を無理矢理に押し込む。

すると「嫌がらせか!?」と思うほどにわが子はスルスルと脱出し、親が求めてもない方向に全速力で走り出して行くのだ。

こっちも全力で走って捕まえ、再び押し込む。しかし、再びの逃走。また捕まえに走る。

この繰り返しのストレスで私は禿げそうだった。


ウチの息子が15歳（現26歳）の頃のことである。

確か、編集者のインタビューか何かに答えたときの発言だったと記憶しているが、とにかく15歳の息子はこう言ったのだ。

「親には山道をほのかに照らしていて欲しい。俺ら子どもは、どうしてだか、脇道にそれたり、わざと獣道に行きたくなっちゃう。どうしても行きたくなっちゃうんです」

「でも、そのときに親がほのかに本道を照らしていてくれたら、帰る場所が分かるから安心なんです。でもカンカンに照らされるともうやばい。〝ほのかに〟でお願いします」

「そしたら絶対、いつかは本道に帰って行こうと思っていますから。帰る方向が分かっているから、安心して脇道に寄っていけるんです」

更に息子は私にこう言った。

「アンタ、サーチライトで（俺を）照らし過ぎ！」

この一撃で、私にはものすごく考え込む夜が来た。

息子、15歳。もう何もかもが噛み合わないような気がして、私は焦っていた。

息子の長所と呼べるものが、何ひとつ思い浮かばなかったのだ。

ある日、私は放課後の学校にいることがあって、そこで偶然息子の学年主任に会ったので、立ち話をしながらこう言った。

「先生、私、学園の星とも呼ばれていたA先輩みたいな子どもが欲しかったですぅ」

先生は私の目を真っすぐに見て、こうおっしゃったのだ。

「お母さん、Aは人望も厚く、大変素晴らしい生徒だったのは間違いありません。でもAはA、たこ太（息子の名前）はたこ太です。たこ太には良いところがたくさんあります。僕は彼の良いところをたくさん知っていますよ」

先生はそれだけを言い残して消えた。

ひとり教室に残された私はゴミ箱に顔を突っ込んで泣いたのだ。


更にこんな日があった。

ある日の夕飯どき、自宅に電話があった。息子からだった。

「今、○○駅にいる。もうすぐ携帯の充電が切れる。金は30円しかない。親父の会社、このターミナル駅だよな？　どんなビル？」

「えぇー!?　お父さん、今日は出張中だよ！」

こう答えた途端、電話が切れた。

パニックになった私はダンナに電話をしたが「今、新幹線の中だっ！（仕事中に電話なんかしてくんじゃねー！）」と怒られた。

学校とも家とも逆方向の遠方の駅に何しに行ったんだ？　との理由も分からぬまま、結局、政所《まんどころ》さま（摂政・関白の妻の敬称＝私）からの命令で、わざわざそのターミナル駅に向かったダンナは、息子との奇跡的な再会を果たした。

その後、ふたりは夜更けに自宅に戻ってきたのだが、息子は一言もしゃべらずに自室に消えた。

ダンナはこう言った。

「ふたりでトンカツを食べて。アイツがシジミの味噌汁を『うめぇ〜』って言って飲み干したぞ！　アイツ、シジミ食えるのな（喜）」

いや、そんなんどうだっていいんだが。問題はなんでそんな所に行ったかだろ！　と執拗に食い下がる私にダンナが短くこう答えたのを覚えている。

「さあな、アイツじゃねーから、分かんね〜。いいんじゃねーの？　そんな日もあるってことだよ」

父子ってこんな風に離れたり、くっついたりしながら、やがて子どもが大きくなっていくのかな？　と感じた夜があった。


12歳から18歳までの混沌とした時代。

親にとってはこれ以上ない「めんどくさい」月日の連続になる。

大抵の子どもが
「別に」

「微妙」

「普通」

の3語しか発声しなくなり、更に上級者になると
「あ」（肯定するという意思表示）、

「ぬ」（否定するという意思表示）、

「ん」（聞こえておるという意思表示）、

「で？」（もう親との会話はウザいのでおしまいにしますが、何か？　という意味）

という4語ですべての会話を成立させてくる。

このように「47文字行方不明事件」は頻繁に発生するのだ。

たまにわが子が言葉を発しているなぁと思って、嬉しくなって耳をダンボにしてみると、その口は「か・ね・よ・こ・せ」と発しているだろう。

それはあなたの子どもが特異体質だからではなく、そういう暗黒の時代をさまよう年頃に成長なさったということに他ならない。

父親はこの時代にこそ、わが子のそばにいるべきだと私は思う。

何も言わなくていい。その存在だけでいいのだ。

毎日、当たり前のように黙々と仕事をして、生活をさせてくれる姿を見せているだけでいい。

そして、わが子が「迷子」になりかけたときには、無言で一緒に「シジミ汁」を飲めばもう十分だと私は思う。

そのために、お父さん、これからは体にだけは気を付けて。

Message

File 3

お母さんとお父さんへのメッセージ

あるお母さんへの手紙

鳥居りんこの講演会（飲み会ともいう）に来てくださったあなたへ。

お名前を聞けなかったせいで、こうやって公開の形にするけど、ごめんね。

返事は要らないよ。ただ、何となく手紙を書きたくなっただけ。


先月、ご主人が亡くなったって泣いてたね。

中学受験がやっと終わったばかりなのにね。

居ないなんてことが、全然、実感湧かないよね、きっと。

そんな中で、時間を作ってくれて、参加してくれてありがとう。

これから繰り返し襲ってくる寂しさに、眠れない夜がいっぱいあるのかなって思っています。


アタシね、全然、力になれないけど、状況がウチの姑に似てるなぁって思って。

ウチの姑も進行性のがんで急にダンナを亡くしてね、茫然としていたらしい。

お父さん、死んだの40代だからね。全然、早いよね。

アタシが嫁に行ってからだけど、姑に聞いたことがあるんだよね。

「子どもと自分を遺して勝手に死ぬなんて、ひどい！　って思わなかった？」って。

お姑、いろんな思いがあったと思うけどね、こんなことを言ってた。

「りんちゃん、お父さんが一番、悔しいのや〜」って。

「逝きたくて逝ったわけやないでね〜。お父さん、悔しかったと思うよ〜」って。

これからというわが子の成長も見届けられない、将来、こんな鬼嫁がやってくるのも知らないで「お先に！」って逝くのは、本人が一番「残念」だったろうってことなんだと思うけど、お姑が言ったんだよね。


「人は生まれながらにして、その人に合った荷物を背負う。自分はこの与えられた荷を背負って生きるしかない。荷を背負い切れなくなったら、一休みすればいい。そして、またボツボツと歩いていくってことが人生かもしれんね。お母さんはいつかまた、お父さんに出会える日に『ようこらえてきたなぁ……』って言ってもらえるようにせなあかんと思うとる……」

それでね、ウチのダンナが思い出話としてお父さんの話をすることがあるんだけど（アタシが嫁に行くずっと前に死んでるから、アタシはどんな人か知らないのよ）、その中にね、

「（父親と過ごせたのは）短かったけど、受験してそれなりの学校に受かったから、親父には親孝行っぽいことができたかな……って思う」

ってというのがあってね。

ダンナが育ったとこって、もうめちゃくちゃド田舎なわけよ。みんな中学出たら農業するよー！　みたいに見えるとこだったらしいの。今はさすがに違うけど（笑）。しかもお父さん、お爺さん（お父さんのお父さん）が戦死しちゃったから、一家を支えるために学校に行けなかったんだって。

それで、余計にちょっと名の知れた学校に息子が通っているのが自慢だったんだって。うちのダンナは「そんな姿を見せることができて、良かったなぁ……」って。多分、親孝行したくとも、どうしようもない気持ちをそうやって納得させているんだと思うんだけどね。なんかね、お話聞いていて、似てるなぁって思って。

ダンナさま、高卒だったから、「わが子を大学まで通わせるのが夢だった」って言ってたんでしょ？　大学付属校、しかもトップ校で、夢、かなうね。

息子さんがいつか大きくなったときにね、お父さんが息子さんのこと、

いかに自慢に思っていたか、
どんなに誇りに思っていたか、
教えてあげてね。
きっとそれが息子さんの力になる。

たとえ姿は見えなくても、「ねぇ、こうかな?」「これでいいかな?」って、いつもいつも息子さんのこと、ダンナさまに相談しているんでしょう?

そうやって、ダンナさまと一緒に子育てしてるんだもんね。

涙が枯れ果てることはないと思うけど、ダンナさま、こんなに想われて幸せ。

こんなに想える人がいるってことも幸せ。


さあ、自慢の息子さんの良いところ、いっぱい数えてね。

きっとその良いところのほとんど全部が、愛しいダンナさま似なんだろうな(笑)。

いい男に育てなきゃね。


また会おうね。

そして、また、いっぱい食べて、飲んで、ノロケを聞かせてちょうだい。

おわりに

中学受験は非常に特殊な世界であるので、母の壊れっぷりも激しく、なかなかの風物詩であるのだが、近年はこれに加え「変なおやぢ」を発見することが多くなってきた。「過干渉にもほどがあるだろ⁉」とか「いい年こいて、かまってちゃんか⁉」という困った父親の話を聞くことが増えて、ものすごく興味をひかれている。

そこで今のリアルが知りたくて、受験直前、あるいは本番突入中という段階で6年母に「お宅のおやぢ、どぉ?」ってアンケートに協力していただいた。全く、あの時期では迷惑以外の何物でもなかったと思う。

そして、受験終了母にも「実際、どうだった?」ってことを聞きたくなって、お答えいただいた。皆さん、お忙しい中、たくさんのリアルを教えてくださり、本当にありがとう。

結果「父になる」ということは、努めて意識しないとなれないのだなぁ……ということが見えてきたが、もしお父さんが「中学受験」というチャンスを生かして、家族の絆を深めようと舵を切ったなら、妻子は父を尊敬し、家庭には笑顔が増えるとの感触を得ている。

ならば「父親道」を一歩ずつ進みながら、お父さんも中学受験という子育てを楽しまないともったいない。本書がその参考になるなら、この上ない喜びだ。

2016年7月

鳥居りんこ

[著者]
鳥居りんこ
エッセイスト、教育・子育てアドバイザー、受験カウンセラー。
1962年生まれ。2003年、『偏差値30からの中学受験合格記』(学研)がベストセラーとなり注目を集める。保護者から"中学受験のバイブル"と評され多くの支持を集めた当書は、その後シリーズ化され『偏差値30からの中学受験シリーズ』として計6タイトルが刊行された。執筆・講演活動を通じて、わが子の子育てや受験、就活に悩む母親たちを応援しているが、近年は介護問題についても実体験を踏まえたアドバイスを行っており、2015年に『鳥居りんこの親の介護は知らなきゃバカ見ることだらけ』(ダイヤモンド社)を出版。その活躍のフィールドを広げている。その他の著作に『ノープロブレム 答えのない子育て』(学研)、『主婦が仕事を探すということ』(共著、東洋経済新報社)などがある。

● 公式ホームページ
http://to-rinko-houmonki.blogspot.jp/
「湘南オバちゃんクラブ」

中学受験
わが子を合格させる父親道
ヤル気を引き出す「神オヤジ」と子どもをツブす「ダメおやぢ」

2016年8月11日　初版発行

著　者 ──────── 鳥居りんこ
発行所 ──────── ダイヤモンド・ビッグ社
　　　　　　〒104-0032　東京都中央区八丁堀2-9-1
　　　　　　出版開発事業部　TEL 03・3553・6634
　　　　　　http://www.arukikata.co.jp/

発売元 ──────── ダイヤモンド社
　　　　　　〒150-8409　東京都渋谷区神宮前6-12-17
　　　　　　販売　TEL 03・5778・7240
　　　　　　http://www.diamond.co.jp/

印刷・製本 ────── 中央精版印刷
デザイン ─────── アトリエ・プラン
帯デザイン・イラスト ─ 渡邉杏奈
スペシャルサンクス ── アンケートに答えてくださった「受験を頑張った母」たち
編集 ───────── 斎藤真史

©2016　Rinko Torii
ISBN 978-4-478-04900-6
落丁・乱丁本はお手数ですがダイヤモンド社販売宛にお送りください。送料小社負担にてお取替えいたします。ただし、古書店で購入されたものについてはお取替えできません。
無断掲載・複製を禁ず
Printed in Japan